南京邮电大学博士引进人才科研启动项目(项目编号:NYY220031)

我国优秀女子标枪运动员技术的运动学评价和诊断

王立冬 王东海 邱锴 姜虎 ◎著

河海大学出版社
HOHAI UNIVERSITY PRESS
·南京·

图书在版编目(CIP)数据

我国优秀女子标枪运动员技术的运动学评价和诊断 / 王立冬等著. -- 南京：河海大学出版社，2023.12
ISBN 978-7-5630-8561-3

Ⅰ.①我… Ⅱ.①王… Ⅲ.①标枪投掷－女子项目－优秀运动员－运动技术－评价－研究－中国 Ⅳ.①G824.3

中国国家版本馆 CIP 数据核字(2023)第 236779 号

书　　名	我国优秀女子标枪运动员技术的运动学评价和诊断
书　　号	ISBN 978-7-5630-8561-3
责任编辑	周　贤
特约校对	温丽敏
封面设计	张育智　刘　冶
出版发行	河海大学出版社
地　　址	南京市西康路 1 号(邮编:210098)
电　　话	(025)83737852(总编室)
	(025)83722833(营销部)
	(025)83787157(编辑室)
经　　销	江苏省新华发行集团有限公司
排　　版	南京布克文化发展有限公司
印　　刷	广东虎彩云印刷有限公司
开　　本	718 毫米×1000 毫米　1/16
印　　张	10.5
字　　数	174 千字
版　　次	2023 年 12 月第 1 版
印　　次	2023 年 12 月第 1 次印刷
定　　价	69.00 元

前言

掷标枪是运动员在快速运动下有节奏地将多关节肌群在最短时间内，以精准的协调、控制能力完成一系列动作的投掷项目。为构建我国优秀女子标枪运动员技术的运动学评价与诊断体系，达到借助运动学手段提高运动员表现的目的，本研究以我国优秀女子标枪运动员技术的运动学评价与诊断为研究对象，以国内优秀运动员比赛录像作为调查对象，通过比赛录像与解析获取优秀女子标枪运动员技术的运动学参数。运用文献资料法、跟踪调查法、专家访谈法、问卷调查法、数理统计法等研究方法，确立我国优秀女子标枪运动员技术的运动学指标体系，在此基础上对我国优秀女子标枪运动员技术的运动学评价与诊断进行研究。研究结果如下：

（1）在标枪技术评价与诊断理论的基础上确立了以运动员最后三步作为研究范围。研究范围分为助跑阶段、转换阶段以及最后用力阶段，3个技术阶段共包含7个技术特征时刻。

（2）优秀女子标枪运动员技术运动学指标体系由3个技术阶段下的22项具体技术运动学指标所构成。其中，助跑阶段包含4项运动学指标，转换阶段包含8项运动学指标，最后用力阶段包含10项运动学指标。3个阶段权重分别为助跑阶段(0.13)、转换阶段(0.16)以及最后用力阶段(0.71)。

（3）采用百分位法建立我国优秀女子标枪运动员技术的运动学评价标准，并运用于我国女子标枪运动员实际比赛中。总体来讲，运动成绩越高，运动员技术的运动学表现越好。

（4）标枪运动员技术诊断方法为态势诊断和特征画面诊断。在态势诊断基础上得出,张莉主要在助跑阶段和转换阶段距"优势值"有一定差距,具体指标为冲量步步长、重心移动距离C—D、右脚着地时刻躯干倾角以及最后一步步长;吕会会主要在转换阶段和最后用力阶段距"优势值"有一定差距,具体指标为右脚着地时刻躯干倾角、"肩—髋"轴夹角E、"肩—髋"轴夹角F以及右肩关节速度F。

(5)特征画面诊断表明,张莉和吕会会需要改善以下几个方面。张莉:躯干后倾角度、上肢"延缓"能力、持枪稳定性、下肢主动加速能力;吕会会:躯干后倾角度、冲量步右脚着地快速过渡能力、上肢"延缓"能力。

(6)对张莉和吕会会两名运动员技术诊断结果予以反馈,各自教练员分别对技术存在主要问题实施针对性调整,且取得了一定的成效。

目录

1 绪论 ··· 001
  1.1 选题背景 ·· 002
    1.1.1 世界女子标枪项目发展 ···································· 002
    1.1.2 中国女子标枪项目发展 ···································· 003
  1.2 选题依据 ·· 005
    1.2.1 标枪技术是运动员竞技表现的重要组成 ············· 005
    1.2.2 运动学手段的支撑有助于高水平运动员的技术突破 ····· 006
    1.2.3 标枪技术评价与诊断是提高运动员竞技水平的重要手段 ·· 006
    1.2.4 标枪技术评价与诊断是训练实践的迫切需求 ······ 007
  1.3 研究目的与意义 ·· 008
    1.3.1 研究目的 ··· 008
    1.3.2 研究意义 ··· 008
  1.4 研究重点与难点 ·· 009
    1.4.1 研究重点 ··· 009
    1.4.2 研究难点 ··· 009
  1.5 研究创新点 ··· 009

2 文献综述……011
2.1 运动技术评价与诊断基本概念……012
2.1.1 运动技术评价基本概念……012
2.1.2 运动技术诊断基本概念……012
2.2 运动技术评价与诊断的基本过程……013
2.2.1 运动信息的采集……014
2.2.2 数据处理与分析……015
2.2.3 综合决策与反馈……016
2.3 标枪技术的运动学评价与诊断研究现状……017
2.3.1 国外标枪技术的运动学评价与诊断研究现状……017
2.3.2 国内标枪技术的运动学评价与诊断研究现状……020

3 研究对象与研究方法……023
3.1 研究对象……024
3.2 研究方法……026
3.2.1 文献资料法……026
3.2.2 跟踪调查法……026
3.2.3 三维录像拍摄法……026
3.2.4 专家访谈法……030
3.2.5 问卷调查法……031
3.2.6 数理统计法……031
3.3 研究步骤和工作计划……032

4 研究结果与讨论……033
4.1 标枪技术的运动学评价与诊断理论基础……034
4.1.1 影响标枪运动成绩的因素……034
4.1.2 标枪技术概论……038

  4.1.3 标枪项目特征 ·· 050
  4.1.4 标枪运动员技术运动学评价与诊断范围及阶段确定 ······ 053
  4.1.5 小结 ·· 056
 4.2 我国优秀女子标枪运动员技术的运动学指标体系构建 ············ 057
  4.2.1 我国优秀女子标枪运动员技术的运动学指标筛选基本
     原则 ·· 057
  4.2.2 我国优秀女子标枪运动员技术的运动学指标体系结构
     框架 ·· 059
  4.2.3 我国优秀女子标枪运动员技术的运动学指标筛选 ········ 059
  4.2.4 我国优秀女子标枪运动员技术的运动学特征 ············ 076
  4.2.5 小结 ·· 086
 4.3 我国优秀女子标枪运动员技术的运动学评价 ···················· 087
  4.3.1 我国优秀女子标枪运动员技术评价的基本步骤 ·········· 087
  4.3.2 我国优秀女子标枪运动员技术的运动学评价标准 ········ 087
  4.3.3 我国优秀女子标枪运动员技术的运动学评分结果 ········ 091
  4.3.4 小结 ·· 097
 4.4 我国优秀女子标枪运动员技术的运动学诊断 ···················· 097
  4.4.1 诊断的功能 ·· 098
  4.4.2 技术的运动学诊断方法确定 ··························· 099
  4.4.3 运动技术诊断应用 ··································· 105
  4.4.4 小结 ·· 121

5 结论 ··· 123
 5.1 研究结论 ·· 124
 5.2 研究不足与展望 ·· 125

参考文献 ·· 126

附录 ……………………………………………………………… 136
　附录 A ………………………………………………………… 136
　附录 B ………………………………………………………… 137
　附录 C ………………………………………………………… 144
　附录 D ………………………………………………………… 153
　附录 E ………………………………………………………… 156
　附录 F ………………………………………………………… 157

1
绪论

1.1 选题背景

1.1.1 世界女子标枪项目发展

掷标枪是一项古老的运动，标枪早在迈锡尼（古希腊）时代和古罗马时代便已成为人们广泛使用的武器。而对于运动员来说，由于其目的是追求更远的距离而非攻防，比赛所用标枪要比战争时期更加轻巧。1912年国际田联成立并制定了严格的标枪规则，在1932年女子标枪首次成为奥运会比赛项目。早期，多数国家教练员及运动员对于标枪技术的发展还处于摸索时期，苏联运动员是最早采用老式标枪投出50米以上成绩的运动员。

20世纪50年代后，随着相关领域研究人员对标枪技术合理性的不断探寻、对身体训练的重视和科学技术成果在体育领域的广泛利用，掷标枪的技术、训练理论和教学得到突飞猛进的发展，这一时期各国对于标枪形成了不同的技术风格，如"芬兰式""美式"掷标枪技术。运动员成绩在这一时期也得到了快速提升，德国两届奥运会（1972年、1976年）金牌得主富克斯将这一项目成绩提升到新的水平，其先后6次创造世界纪录，最远投出69.96米的成绩，而其同胞费尔克成为80年代的领军人物，于1988年将女子标枪世界纪录提升至80米的水平。

1999年，国际田联将女子标枪规则进行修订，修订后的规则对竞技表现产生较大影响，对运动员技术要求更高。随着欧洲等国家不断对新规则下的标枪器械进行改进，以及教练员与体育科学人员对技术的不断创新，世界女子标枪成绩继续高歌猛进。2001年，国外运动员创造了71.54米的世界纪录，随后在2005年和2008年世界纪录两次被刷新，2008年捷克运动员斯波塔科娃将现代女子标枪世界纪录提高到72.28米。至此，对标枪运动员竞技表现的提升仍在不断发展，国外教练员将标枪运动进一步细分为不同环节，对每一环节的技术制定了较为理想可行的运动模式，科研人员与运动员团队相互合作，运用运动学、动力学等手段对不同等级的运动员竞技表现进行收录分析，构建了较完善的运动员技术评价与诊断系统，对国外运动员良好的运动表现起到推动作用。

1.1.2　中国女子标枪项目发展

我国的标枪运动开展相对较晚,早期由于对标枪项目以及投掷技术的理解还较浅显,发展也较缓慢。五四运动之后由于学校的大力推广,掷标枪运动才得以逐步发展起来。虽然在20世纪初就举行了女子掷标枪的比赛,但运动技术水平很低。在新中国成立后短短的十几年时间里,我国女子标枪成绩提高了近20米,但这与世界先进水平相比,仍有一定的差距。

进入20世纪80年代,随着对国外标枪技术和先进理念的学习,加快了我国标枪项目的发展。女子标枪在1989—1998年期间创造了优异成绩,先后有9名运动员进入世界前10名,女子标枪先后7次打破亚洲纪录,确立了中国女子标枪在亚洲的统治地位,中国运动员跻身于国际优秀运动员行列。随着张丽、徐德妹的出现,掷标枪运动成为我国田径运动中率先冲出亚洲走向世界田坛的运动项目之一。1990年,张丽以70.42米的成绩突破70米大关,刷新全国纪录。徐德妹在1991年日本东京举行的第三届世界田径锦标赛上,以68.78米的成绩技压群芳,夺得桂冠。斩获中国女子标枪项目在世界大赛中的唯一金牌。在国际田联于1999年起规定使用新型女子标枪初期,曾涌现出了一批优秀的女子标枪运动员,如魏建华(亚洲纪录保持者)、李蕾(亚特兰大奥运会第八名)、薛娟(创世界青年纪录)等。1999年,魏建华以62.97米创造了标枪改革后的国内最好成绩,2000年又以63.92米的成绩刷新了亚洲女子标枪纪录。

但自2000年以来,我国女子标枪成绩开始呈下滑趋势,与世界先进水平的差距逐渐拉大。无论在奥运会还是世锦赛或者亚运会上,中国女子标枪运动员都难以有优秀表现。新规则下的中国女子标枪运动成绩未能延续此前的良好势头,在1999—2011年期间,仅1名运动员成绩进入世界前10排名,我国与世界女子标枪最好成绩的差距逐渐被拉大,2004年和2008年运动成绩一度被拉开到10米之外。这一期间世界女子标枪最好成绩几经升降,但总体上呈上升趋势,我国女子标枪运动成绩总体呈下滑状态,国内运动员最好成绩一直在60米左右徘徊不前,上升空间不容乐观(图1-1)。

2012年,国家体育总局加强对标枪项目的重视,聘请外教担任国家队主教练,随着对技术理念认识的不断提升以及专项运动素质的不断提高,我国女子标枪运动员再次进入世界优秀运动员行列。伦敦奥运会吕会会夺得第五名,创

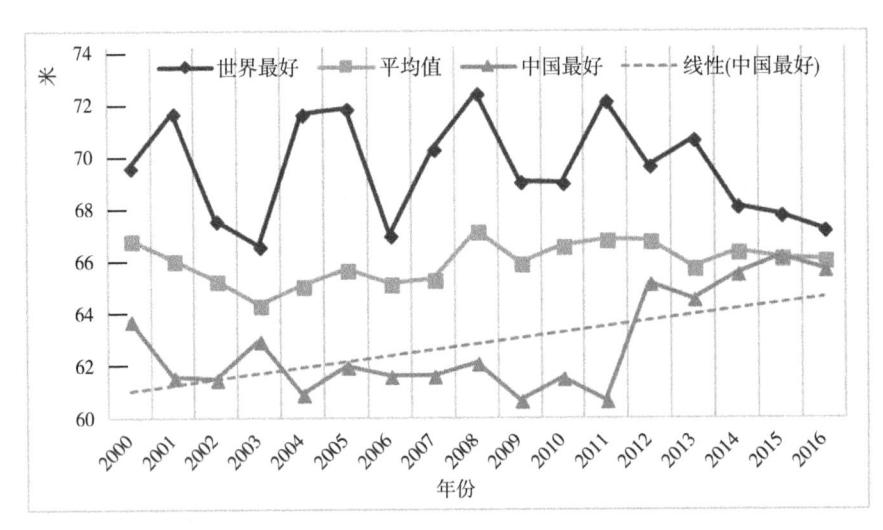

图 1-1　中外优秀女子标枪运动员运动成绩对比

造了我国女子标枪征战奥运会以来的历史最好成绩(我国女子标枪仅李蕾在亚特兰大奥运会上取得过第八名的成绩)。一年内吕会会、李玲蔚先后两次改写亚洲纪录，将尘封 13 年的亚洲纪录由 63.92 米提高到了 65.11 米，使亚洲成绩首次突破 65 米大关。我国选手张莉在 2014 年 17 届亚运会上打破赛会纪录的同时，再一次创造个人最好成绩 65.47 米；2015 年的田径世界锦标赛吕会会以 66.13 米的成绩获得女子标枪银牌，2016 年里约奥运会女子标枪决赛她以 64.04 米的成绩获得第 7 名；2017 年伦敦世锦赛李玲蔚、吕会会发挥出色，斩获一银一铜。可以看出，2012 年后我国女子标枪运动成绩迅猛增长，2012—2016 年世界前 10 运动员排名中，我国运动员先后共出现 7 人次，说明了我国部分女子标枪水平已在世界上名列前茅(图 1-2)。

我国女子标枪成绩从最初的缓慢提高，到进入国际水平，从停滞不前再到重新进入国际视野，发展过程中仍存在着不稳定性。上述进入世界前 10 名的都被 4 名运动员(吕会会、张莉、李玲蔚、刘诗颖)包揽。而纵观国内其他优秀运动员，多数成绩长期处在 60 米甚至 60 米以下水平，原因之一在于国内运动员缺乏系统完善的技术评价体系。教练员在对运动员的竞技能力进行评价时多以主观判断为主，而当运动员到达较高的竞技水平时，主观判断往往变得更加困难，这时由于缺乏相关定量评价方法与参照指标，导致

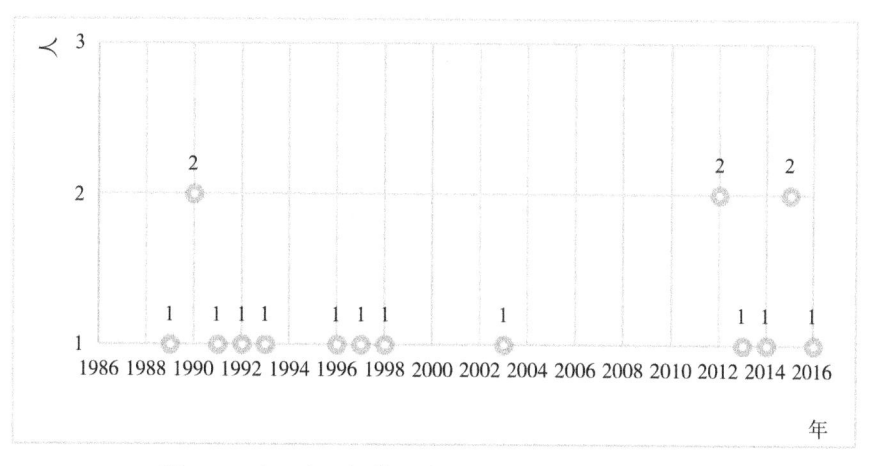

图 1-2　中国女子标枪运动员历年进入世界前 10 人数

成绩无法继续突破。因此，需要结合现代科技手段，针对我国优秀女子标枪运动员技术表现建立一个较完善的评价体系，提高我国教练员的整体执教水平，保持运动员技术发展的稳定性，寻求进一步的成绩突破，不断力争我国优秀标枪运动员的可持续发展，推动中国女子标枪项目在世界大赛奖牌榜中占据一席之地，使我国标枪运动员竞技水平始终处于世界先进行列。

1.2　选题依据

1.2.1　标枪技术是运动员竞技表现的重要组成

标枪项目被界定为属于体能主导类快速力量性项群。体能被认为是影响标枪运动员竞技水平的主要因素，因而许多教练员往往将体能训练作为运动训练过程的主要环节，占据训练内容较大比重，忽视技术训练。而随着运动员体能水平的不断提高，其体能水平逐渐趋近，在各选手的体能指标趋近的情况下，很多运动员因技术水平低、技术稳定性不足，无法在比赛中发挥其体能优势，与此同时错误的技术动作所带来的伤病也会使其运动生涯提早结束。从投掷类项目比赛中可以看出，顶尖运动员之所以能够赢得比赛，不单单是其体能水平较其他运动员更具优势，技术水平的好坏、运动员自身对其技术状态的调整往往成为赢得比赛的关键，运动员的体能水平可以在短期内提升至最佳状态，但其技术水平则需要长期的打磨。只有当标枪运动员的技术水平处于最佳状态才能保证其在比赛中良好发挥体能优势，保持体能与技术的平衡发展，以技术引领体能。在比赛的关键时刻，稳定的技术是运动员制胜的关键。

与欧洲等国家的优秀运动员相比，国内标枪运动员更多的是在技术上存在差异，标枪技术是运动员大赛中竞技表现稳定的基础。体能一直是近年来我国竞技体育研究的热点问题，我国竞技体育的优势项目多属于技术类项目，而多数体能类项目（田径）则处于相对落后状态，标枪作为体能快速力量项目，使人产生的误解是体能差异导致了项目的落后，国内教练员存在注重运动员的体能优势，而忽略技术的问题，技术作为体能的载体，是保障体能高效率发挥的前提，对标枪项目而言更是如此。一个拥有巨大体能优势的运动员忽略了技术的训练，可能无法保证将标枪掷在投掷区域内。

1.2.2　运动学手段的支撑有助于高水平运动员的技术突破

在早期训练过程中，教练员可以凭借定性判断来观察运动员的技术表现，而随着运动水平的提高，在高水平训练阶段，由于运动水平的精细化，教练员依靠主观感觉难以发现一些细节问题，对于运动员每一次试投时的助跑速度、身体姿态角度、步幅大小等无法凭借肉眼进行判断时，就需要采取一些量化手段帮助教练员提高训练质量。定量手段相比定性诊断而言更具客观性，能够将运动员的技术表现以量化形式呈现出来，实现运动技术的可视化。运动学作为一种量化手段能够帮助教练员更加客观地掌控运动员的技术发展，更加深入地提升运动员每一环节的技术表现，通过获取运动员某一环节的姿态角度，某一时刻的落地姿势、着地方向以及各环节发力顺序等来提高训练质量，以运动学手段为支撑实现技术的不断突破。

1.2.3　标枪技术评价与诊断是提高运动员竞技水平的重要手段

女子标枪运动员技术训练由诸多因素构成，且受到多方面的影响，因此其技术水平始终会出现一定的变化，教练员需要借助外界手段以获取关于标枪运动员的技术信息，结合运动员的表现有针对性地调整训练计划。这就需要对女子标枪运动员的技术表现做出评价，对其技术进行诊断，对训练做出综合判断，了解其优势与不足。而如果不对运动员的技术状态做出现实判断，又或者由于缺少对技术理念的正确理解，就会使运动员的技术训练失去正确的方向，导致训练效率的下降。现代体育科技的迅速发展以及先进诊断设备的应用，能够帮助教练员准确把握运动员的技术状态。我国女子标枪项目要依托现代科技，加强对运动员技术的评价与诊断，了解标枪项目的技术特征与规律，建立起一套科学的女子标枪项目技术评价与诊断体系，在技术训练过程中有计划、有针对性地实施对女子标枪运动员技术动态变化的评价与诊断，使教练员得到更加客观的评价与诊断结果，帮助教练员完善技术训练、更新训练理念、提高技术训练效率，使我国女子标枪运动员的技术水平处于国际先进行列。

1.2.4 标枪技术评价与诊断是训练实践的迫切需求

对于一项运动项目而言，在已有的理论基础之上更需要诊断人员对训练实践有充分的了解，当前在标枪技术训练实践当中，科技服务人员多以比赛录像或单一的运动学指标进行技术反馈，而对有关的科技文献研究内容集中于个别指标的对比，研究指标的选取多以国外研究文献为参照，由理论指导理论，诊断人员缺乏训练实践，甚至无实地跟踪，缺少第一线的实践经历，出现理论与实践相脱节的现象。对标枪项目本质特征的研究仍停留在理论层次，以现有的理论对运动员的技术动作进行分析，往往得不到理想的诊断结果，无法对训练实践提出综合性指导意见。运动学技术诊断作为一项工具，所得出的量化结果最终是以诊断人员所具有的理论与训练实践为基础，才能发现技术中的问题，在根本上提出解决问题的途径。

教练员在训练实践过程中往往得不到所希望的技术支持，一方面是由于教练员本身对当前技术诊断的途径了解不足，另一方面是缺少相关科技攻关人员。部分教练员在运动员技术训练实践过程中，仅以教练员本身对该项目所形成的技术模型为依据，对运动员采取个性化训练，技术诊断以教练员主观判断为主；对当前国际技术的走向与进展信息的获取主要以网络和培训为主，而短期内的集中培训，由于针对性差、强度高、实践不足等原因造成教练员所能获取的实用信息有限，因此当教练员遇到技术训练问题时无从寻求获取帮助的途径，又或者对于所获得的量化指标缺乏相关理论知识的支撑。运动过程的非线性决定了技术诊断时不应只注重单方面的几个指标，部分诊断人员仅以单方面少数指标进行诊断,多数是以优秀运动员的数据进行对比,得出指标的差异所在,但由于对整体技术运动过程缺乏深刻见解,无法探究运动员技术动作的深层次原因,因此这种诊断结果无法使教练员信服。

1.3 研究目的与意义

1.3.1 研究目的

掷标枪是一项复杂的多关节复合工作,且要求运动员具备良好的协调能力、肌肉力量以及控制能力作用于器械(标枪)的项目,因此我们有必要对运动员的技术运动学表现进行研究。技术的不同会带来运动表现的差异,运动员要始终使助跑动量以及最后投掷动作能量作用于标枪,以此产生较高的出手速度,且能够良好地控制标枪。标枪运动员的技术对出手质量的影响决定了运动员的竞技表现。本研究通过对标枪项目投掷原理、技术特征、各阶段的技术要领等方面的研究,确立标枪技术运动学研究范围,在此基础上构建我国优秀女子标枪运动员技术的运动学评价与诊断体系,最终通过借助运动学手段达到提高运动员技术表现的目的。

1.3.2 研究意义

1) 理论意义

通过对高水平女子标枪运动员技术数据的分析,客观审视目前以运动员技术数据为基础得出的诊断标准,期望能够对优秀女子标枪技术诊断理论的发展有所帮助。

2) 实践意义

建立我国优秀女子标枪运动员技术的诊断和评价体系,为我国女子标枪运动员技术训练提供参考。为教练员在技术训练的运动实践中提供定量的技术现状评价和技术缺陷的诊断,通过对我国女子标枪运动员技术的分析,为相对水平较低的运动员技术的训练提供帮助。我国优秀女子标枪运动员技术诊断和评价体系的建立,为教练员在运动实践中客观准确地评价和诊断运动员技术水平提供理论参考。

1.4 研究重点与难点

1.4.1 研究重点

研究重点在于对标枪技术运动学指标体系的构建,"运动员—标枪"作为一个复杂的系统,对指标的选取需要综合各方面的信息资料,才能获取具有代表性的技术运动学指标,为运动员技术训练提供帮助。

1.4.2 研究难点

由于达到高水平的女子标枪运动员存在着个体差异,表现在技术特征指标上具有动态性与非衡性。以优秀女子标枪运动员为研究对象,以技术评价与诊断为目标的研究内容,需要对优秀女子标枪运动员的运动学指标数据进行分析与描述,特别是反映优秀选手专项能力中一些具有动态性的指标的变化规律,要求选择这一内容的研究人员长期对研究对象进行追踪并收集大量翔实的数据作为理论支持。此外,在研究过程中,需要研究人员对标枪技术的各个组成因素所代表的学术领域均具有较高的理论与认识水平,这对研究人员来说是极大的困难与挑战。

1.5 研究创新点

(1)将多项运动学指标进行收集、汇总,采取定性与定量手段相结合的方式对指标进行筛选。

(2)对国内多场高水平比赛进行实际拍摄,获取优秀运动员掷标枪技术相关运动学参数,采取量化手段进行指标提取,提高指标的针对性及实际应用价值。

(3)构建我国优秀女子标枪运动员技术运动学评价与诊断体系,对高水平运动员技术的运动学表现进行评价与诊断。

2

文献综述

2.1 运动技术评价与诊断基本概念

2.1.1 运动技术评价基本概念

对于什么是评价,约翰·杜威认为,评价就是通过引导行为创造价值、决定判断的价值,是价值判断的可能性,对某种不存在的、可能通过活动创造出来的价值承载者的判断。

三浦武雄认为,评价是指根据确定的目的来确定对象系统的属性,将其转化为客观、定量的价值或主观效用的行为。

苏为华认为,评价是一种认知过程,人们通过参照某一标准来判断一个物体的价值或它的相对价值。

可以说评价是通过比较一定的标准来判断观测结果的过程,使这种结果具有一定的意义和价值。一般说来,观察结果仅能反映现状,只有通过评价之后,我们才能判断现状的重要性。例如,标枪运动员"交叉步"大小为1.7米,仅就数字而言,并没有实际意义,而当与其他运动员运动学指标进行对比时,就能看出它的意义和价值。单一因素评价容易实现,根据一定的标准分别给予研究对象一个等级或分数进行评价,便可排出优劣顺序,但对于标枪项目而言,单一指标的评价不能反映运动员总体技术水平,"运动员—标枪"作为一个系统受多个技术指标的综合影响,必须全面考查多个相关因素,在多个指标的基础上进行评价,并排出优劣顺序,进行综合评价。综合评价是对复杂系统多指标进行总评价的特殊方法。综合评价与单项评价相比较,其区别在于其评价标准要比单项评价复杂得多。

2.1.2 运动技术诊断基本概念

诊断来源于医生问诊,医生通过检查病人症状,根据实际情况综合判定病人所犯疾病及病情程度,并通过康复处方助其恢复。作为体育中的核心要素,运动技术诊断是指诊断人员(通常为教练员、科技人员或有专门经验的运动员等执行技术诊断任务的个人或群体)在科学诊断理论指导下,运用现代科技手段或依据自身经验发现、描述(定性或定量的)与评价运动员技术上存在的问题,找出技术优势与弱势,针对技术劣势进行改进,采取可靠的优化方法,并为运动员实现理想的或满意的技术状态提出指导意见和建议的活动。

运动技术诊断的研究对象是人体运动,基础是运动生物力学理论,手段是实验测试,研究内容是评价和推断运动技术合理性、实现运动技术最佳化,目的是解决运动员在体育运动训练实践过程中存在的技术问题、提高运动员的技术训练水平,探索运动技术原理、获得最佳的运动技术。由于测试对象的复杂性、应用手段的先进性、诊断方法的综合性、内容的实用性、过程的系统性和结果的可变性等特点,作为一个综合的科学研究方法,运动技术的诊断过程有着自身的内在规律,在进行技术诊断时必定会出现大量的"疑难杂症",这就需要诊断者有正确的理论指导,熟悉项目特点,在掌握一定力学原理与科学测量手段的情况下才能实施诊断,结合多学科的知识,采取一定的诊断方法判断运动员现阶段所处的技术状态,发现运动技术中的问题,找到影响运动员成绩提高的原因,科学地制定因人而异的技术改进方案,以促进运动员技术的优化与提高。

运动技术诊断与训练过程密不可分,通常每名教练员对技术有着自身的理解,训练过程中依据对运动员动作技术的观察、分析与评价,发现问题并实施改进。技术训练中,将运动员技术动作的完成情况向教练员和运动员进行及时反馈是训练中迫切需要解决的问题。因为当教练员与运动员清楚地了解自身完成动作的程度,才能更有效地发现并改进问题,建立正确的动力定型。部分教练员作为个体在实施技术诊断过程中会由于个人技术理念与训练经验不足导致诊断失误或方向错误。首先,单纯靠肉眼的观察往往是不精确和不可靠的;其次,教练员在进行技术诊断时单纯依靠主观判断分析会带有一定的主观性与片面性。因此,运动技术诊断需要借助外界手段,使技术评价与诊断定量化、科学化和客观化。得益于多学科的快速发展,运动技术诊断测量方法不断得到完善。

2.2 运动技术评价与诊断的基本过程

意大利科学家列奥纳多·达·芬奇率先提出从力学角度对人体运动姿势进行研究,指出人体运动需依据力学规律进行。随后在16世纪中期,博雷利首次提出借助杠杆原理标定人体重心位置,对人体基本运动进行了分类,基于力学原理将人体运动分成走、跑、跳、游泳等。

19世纪中叶影像技术的进一步发展,以及体育项目不断兴盛,为运动技术诊断提供了新的可能,借助录像摄影人们可以观察运动中的动作细节,而储存的运动录像提升了技术动作分析的诊断空间。在这一时期,有不少研究者开始采用最基本的测量工具记录运动中的时空特征资料,也因此出现了一定量的运动生物力学著作。为了了解人体在运动中的受力特征,德国解剖学家费舍对人体的环节质量进行了测量,法国人阿马尔则首次完成了二维测力台的研制。

到了20世纪,电子科技与计算机的快速发展、高速摄像等技术的实现为运动技术诊断提供了新的平台,运动学、肌电学以及动力学被广泛应用于竞技训练实践。随着科技的不断进步,多源信息融合的应用使研究人员获得更广泛的运动信息,我国从20世纪80年代开始采用现代科技手段对高水平运动员进行技术动作分析。近年来,计算机科技的飞速发展,为运动技术诊断提供了更好的平台,在运动训练中的作用也越来越重要。虽然到目前为止,科技的发展使运动技术诊断得到了更加广泛的应用,也为体育科学发展作出了巨大的贡献,但同时我们也注意到受制于诊断方法与手段的限制,多数运动项目技术的研究相对孤立,难以凸显项目的本质规律。

运动技术诊断过程包括运动信息采集、数据处理和分析、综合决策、诊断与评价意见反馈四个主要环节(图2-1)。

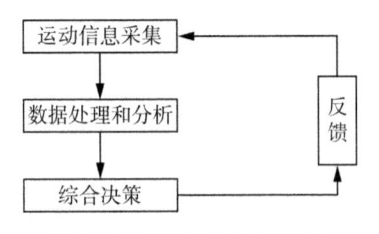

图2-1 运动技术诊断环节

2.2.1 运动信息的采集

诊断的目的在于发现并解决问题,所以发现问题是诊断工作的第一步。在扎实的理论基础上,善于发现问题所在,明确诊断的主要任务,确定诊断的范围。信息是关于主客体之间情况的信息,是一种提供确定因素并消除不确定性因素的信息。缺乏这样的信息是无法理解事物之间的联系和探索事物的规律的。这些消息有反映现状的,有定性的也有定量的。从某种意义上说,运动技术评价与诊断的整个过程就是信息管理、收集、处理和分析信息的过程,只有充分掌握相关评价对象和相关因素的信息,才能做出更可靠的评估和诊断。人体技术动作的完成是在时间和空间中进行的,时间和距离是动作最原始的特征,当前运动学信息采集主要通过三维录像拍摄、高速摄像等方式来获取运动员的外部技术特征,借助相关软件处理获取所需的技术动作信息。高速摄像根据拍摄方式不同可分为立体定机摄像、平面定机摄像和平面跟踪摄像测量三种方法。录像拍摄的方法来分析动作技术较为方便准确,在不接触拍摄对象、不影响运动员发挥的情况下,将拍摄后的运动图像经数据处理,通过空间坐标转换,获取相关运动学技术参数指标,进而通过技术参数指标的分析,结合相关理论基础,对运动技术进行诊断评价。考虑到项目特征类型、项目性质,不同运动项目各自的特点,在进行运动信息采集时需要根据各项目特点实施不同的测试方案。人体运动是在一定的时间与空间中进行的,对于运动信息的采集,可以在多种环境下进行,训练或比赛条件下都可以进行信息采集。信息采集过程中要尽量做到不对运动员产生干扰,真实比赛环境下是对运动员当前阶段竞技状态的集中反映,可采用立体定点定机摄像方法,以获取运动员全方位的信息。

2.2.2 数据处理与分析

信息处理的过程,就是采取多种技术手段对原始资料进行审核、汇总和存储,使之条理化、系统化的过程。要对所测试的运动录像进行处理,获取量化指标,首先要求研究人员了解项目特征,明确诊断范围与内容,划分技术阶段,提取具有代表性的特征画面,所选取的特征画面能够反映不同运动员之间的信息差异,代表着某一技术阶段中的关键技术动作。此外,在进行技术阶段划分时要综合考虑研究目的、研究对象个体差异性,最后借助录像分析软件得到技术指标。对运动员采用立体三维拍摄,在后期处理过程中需要将两台摄像机所记录的二维影像进行空间转换,目前关节解析点的获取主要通过人工判断的方法进行,然后通过标定框架的拍摄,采用DLT(直接线性变换)方法求出原始数据,计算相关的运动学参数。

2.2.3 综合决策与反馈

对运动技术的诊断需要结合多学科的理论进行综合判断,所得出的诊断结果应具有客观性,并以数据反馈、特征图像反馈等,或与教练员、运动员直接进行交流,综合决策诊断结果。对所得到技术指标进行分析,需要研究人员掌握综合知识理论,了解投掷的基本原理,借鉴前人的研究成果,熟悉所研究项目的技术训练过程。对技术的关键环节进行确定与诊断,经过技术分析后需要就技术上存在的主要问题寻找解决方案,采取合理有效的训练手段,力求能最大限度地改进技术。综合多学科知识,对诊断结果进行客观分析,并将结果反馈给专家与教练员,进行综合决策。技术诊断系统是一个闭环反馈控制系统,控制系统的对象是运动员在训练中的技术动作。

目前,德国、芬兰等欧洲国家已建立优秀标枪运动员数据库,从最早有录像拍摄到现今优秀运动员的数据都被收录,德国 IAT 研究中心 Frank Leman 建立了标枪、铁饼运动员数据库,并保持与教练员密切合作。技术诊断系统的目的决定了这样一个系统必然是正反馈系统,在完成技术诊断任务时,研究者需要明确,是为了短期效应还是长期效应,它会直接影响诊断决策和反馈环节的结构和功能。运动技术诊断反馈类别主要包含初级反馈、描述性反馈、指标反馈、定性反馈以及特殊诊断方法反馈等。初级反馈是将真实的运动信息提供给教练员,由教练员做出决策。描述性反馈是由系统给出动作过程的技术特征值或运动轨迹、参数曲线等供教练员评判;也可以采取适当形式,将诊断对象的运动图像或参数曲线、轨迹等与其他运动员的相关材料叠加比较。指标反馈采用技术评定框架和指标筛选完成诊断任务,给出基本诊断指标和敏感指标的测量值和标准,说明各个指标的训练价值和有效的训练手段,这是技术诊断中流行的运动处方反馈形式,适用于专项运动研究较成熟的项目。定性反馈是指研究者依据理论分析和研究经验,对测试资料综合分析之后提出训练建议和解决方案,反馈给教练员。教练员依据训练实践经验做出可行性判断,再反馈给研究者,多次修改后付诸行动。这种反馈形式速度快、简便、针对性强,但必须建立在研究者与教练员之间长期合作的基础上,否则无效。特殊诊断方法结果反馈是采用数学物理模型法等一些特殊方法获得的诊断结果,必须经过研究者初步整理,才能作为反馈意见提供给教练员。

2.3 标枪技术的运动学评价与诊断研究现状

运动技术是指人们在从事体育运动中合理、有效地完成身体动作的方法。诊断是指对病人症状进行判定后,确认其病症以及发展状况。运动技术中的诊断则是指对运动员的技术表现进行观察、记录、分析与评定,对正确动作继续发扬,同时找到其中的问题所在,并制订相应的计划以修正技术的不足,充分挖掘人体潜能,最终实现运动技术的最优化。

2.3.1 国外标枪技术的运动学评价与诊断研究现状

国外对于标枪技术的研究既有定性研究也有定量研究。定性研究中,许多学者从教练员的角度进行技术评价,所得出的结论来自学者自身的观察评价,客观性分析不足。

早期,对标枪技术的评价与诊断以定性研究为主。世界标枪名将 Fatima Whitbread 在多年后对其自身世锦赛 76.64 米的成绩的技术序列图进行定性评价,对"助跑—引枪—交叉步—最后用力"整个投掷过程进行了较全面的评价,指出各个阶段技术有待提升之处。在助跑阶段指出膝关节"提膝"程度不足,身体过直;在"引枪"阶段稳定性较好,但脚部外旋严重,落地时应与投掷方向呈 45 度角,才能保证更好的衔接加速;交叉步充满爆发力,但过高过长,导致右脚着地时左脚基本与右脚在一条直线,理想状态应是左脚远远超过右脚。右脚落地时右腿过于被动,主动性不足,膝关节转动能力差,左脚着地时有屈膝动作,但随后快速伸直。Anders Borgstrom 对泽莱兹尼和塞皮进行同一技术序列的对比评价,从助跑阶段的节奏与稳定性,到"引枪"阶段的技术特征、技术风格,再到"交叉步"阶段持枪位置,以及点评两名运动员较小的躯干后倾角带来的重心速度的保持。最后对运动员的投掷技术进行点评,强调右脚着地时身体重心应位于右脚垂直线上,重心偏离右脚位置的距离越多,运动员重心速度丢失越严重,最后用力时所能利用到的爆发力就越少。泽莱兹尼在右脚着地时标枪"纵轴—肩轴—髋轴"基本与地面平行,左脚着地过程中左肩始终保持与投掷方向平行。右髋关节在右脚着地时开始加速,在左脚着地时达到峰值。右肘位置过低,会带来伤病的隐患。制动阶段应使其重心速度下降 55%~70%。两名运动员都具备极为出色的"延缓"能力,环节发力表现良好。

定量研究采用生物力学的方法来进行运动员技术的研究。通过观看运动员比赛或训练录像,以及运用运动学参数,进行技术分析,这些运动学参数包括标枪投掷不同阶段、肢体质心速度、动量变化、关节阶段的关节角度以及时间变化。研究中既有二维也有三维运动学,但以二维运动学参数来说明三维运动技术是有限的。出于对标枪技术动作复杂性的探究,不少研究人员开始借助现代科技方法,为教练员和运动员提供更加便捷、灵活的评价投掷的方式,其中录像拍摄技术就用于拍摄 1991 年世界学生运动会,在当时,几乎所有的拍摄都是采用二维技术。1994 年,Antti Mero 等采用三维拍摄对巴塞罗那奥运会标枪决赛运动员不同身体环节对运动成绩的贡献进行研究,指出在最后用力开始阶段身体重心高度开始下降,在随后的 56~63 毫秒内又开始增加,这一阶段同样伴随着 SSC(拉长-缩短周期)的出现,以及各环节的顺序发力,在左脚着地后,运动员的标枪"握点"以及身体重心运动轨迹呈曲线形,要求运动员具备较高的力量来克服向心力。1987 年,世锦赛运动生物力学研究显示,泽莱兹尼在最后几步仅丢失 1.45% 的助跑速度,而塞皮则丢失了 7.35% 的助跑速度。后来随着技术的发展,1988 年,Bartlett 和 Best 建议采用三维拍摄技术为教练员进行反馈,并认为出手参数是由投掷各阶段综合决定的结果,而最重要的阶段是交叉步与最后一步投掷步,可以采取适当的量化结果来描述运动员的动作变化。

高清摄像技术特别是三维拍摄技术的应用为广大学者和研究人员提供了机会,关于标枪运动学研究已逐步走向成熟,本书对标枪运动学方面的研究文献进行了总结与归纳,对所搜集到的相关文献进行统计,发现研究参数集中于交叉步阶段和最后用力阶段,出手参数以及运动员速度保持能力是运动学分析的重点,出手参数主要包含出手速度、高度、角度、攻角及偏航角等参数,几乎所有关于标枪运动学的研究都对运动员的出手参数进行了统计。

速度保持以及转换能力主要以不同阶段身体不同环节的速度、角度参数来反映。尽管研究参数多样化,在交叉步阶段和最后用力阶段研究人员普遍重视的是速度传递的顺序性研究,即下肢积极主动发力与上肢延缓能力。Alexander 就指出身体动力链的延缓对于能量上传的重要性,他认为运动员身体各环节只有在远端与近端达到最佳的延缓,才能使运动员的速度最大化地传递至标枪。1996 年,Klaus 和 Russell 等人对世锦赛男子和女子运动员进行相关运动学分析,以出手参数指标及不同阶段的膝关节角度来分析运动员的技术动作,并得出多数优秀运动员在右脚着地后的动作较积极,有利于缩短左脚着地时间,左腿制动动作的重要性要求运动员训练中应注重左腿制动能力练习。通常,运动员在某些关键技术点表现优秀,但难以保持全面,或多或少会出现某些技术环节的缺陷。

1997年,Lutz对国际女子标枪运动员的技术进行个案研究,指标参数主要包含出手参数(出手角度、姿态角、倾斜角、出手高度)、投掷臂角度、髋关节角度、膝关节角度、最后用力阶段的躯干以及肩关节姿势等多种运动学参数。1999年,Jose等人对世锦赛男子标枪比赛进行分析,研究以最后两步时间参数、最后用力阶段各环节的速度变化、制动腿与支撑腿角度、"肩—髋"轴变化以及出手参数等指标来进行技术分析,得到不同运动员个性化技术特征。2000年,Bartonietz提出顶尖水平运动员的躯干后倾角度较小,泽莱兹尼在右脚着地时身体重心基本位于右脚垂直线以上,这一能力使其能够在交叉步右脚着地时快速转换至最后用力而不至于丢失太多助跑速度。如果运动员在右脚着地时刻躯干后倾角度太大,会导致身体重心位于右脚垂直线之后,较大的后倾角度带来更大的阻力,对右腿着地产生更大的压力,不利于运动员继续加速。2005年赫尔辛基世锦赛,Murakami等人验证了出手速度对于标枪运动成绩的重要性,并且发现助跑速度以及上下肢的转换顺序对于出手速度的作用,同时对各环节的关节角度、速度等指标进行分析,发现出手速度与运动成绩存在高度相关,而其他出手参数与运动成绩未发现显著相关。决赛运动员相对来说具备更高的助跑速度,其加速距离更长而加速时间更短,最后阶段的动作幅度更大。

2008年,芬兰教练Hannu Kangas同样指出在最后一步右脚着地时运动员的躯干后倾角度应在一个较小范围内,这个范围不应阻碍右脚着地后继续加速。对于右脚着地后的动作应是髋关节充分转动,膝关节向前向下运动,脚跟抬起,脚外侧着地。2009年柏林世锦赛,Frank以出手参数、交叉步最后两步步幅、时长作为研究主要参数,对决赛前8名运动员进行个案分析,将前三名运动员技术参数与决赛其他运动员技术参数进行对比,在几项参数中前三名运动员的技术表现明显优于其他运动员。2011年大邱世锦赛中,Jae-Hu Jung等以时间、角度、距离参数进行研究,证实最后用力阶段时长对于提高投掷成绩有重要影响，并提出速度保持能力在整体投掷过程中的重要作用，建议运动员应选取正确的步幅，保持连贯的助跑节奏，改进出手前的交叉步技术，同时指出标枪运动员身体姿势对于出手高度和出手速度有重要影响。2012年芬兰世界标枪会议，Riku Valleala指出，出手速度作为影响标枪投掷距离的最重要的因素，70%~80%的出手速度是由最后用力阶段肌肉产生，20%~30%的出手速度是由助跑速度与地面反作用力获得，标枪运动员同样需要发挥技术动作的环节用力特征，在最远端时达到最大速度。

2.3.2　国内标枪技术的运动学评价与诊断研究现状

我国有关标枪运动学的分析文献同样集中于运动员最后两步。其中，躯干后倾角度、出手参数、重心速度、环节发力顺序等是各研究人员普遍研究的主要内容。

由于躯干倾斜角对出手高度和出手速度有重要的影响，标枪运动员不应只依靠上肢来获取出手速度。国内研究人员有关躯干后倾角度的问题主要存在两种看法，一种认为躯干倾角角度应该增大。刘生杰等认为，标枪运动员的躯干后倾角度应适当增大，以增加最后用力阶段的工作距离，并指出世界优秀标枪运动员的躯干后倾角度要大于国内优秀运动员。王利勇认为，最后一步右脚着地时躯干后倾角度决定了最后用力阶段的工作距离，躯干倾角应在20~30度之间为宜。而第二种则认为躯干倾角应保持适当角度。曲淑华指出，世界优秀运动员右脚着地时躯干倾角为20度左右。郑建岳等认为，虽然躯干后倾角度是增加出手距离的重要因素，但其不应影响运动员技术动作的连贯性，躯干后倾角度的确定应以不损失人体重心速度为前提。成万祥等对优秀标枪运动员陈奇的投掷技术进行对比分析，发现其最后一步重心速度损失程度与躯干倾角呈正相关，躯干倾角越大，其重心速度就会损失越多。

研究人员对于运动员"延缓"动作十分重视，从交叉步阶段到最后用力阶段，不同时段躯干后倾角的变化可以很好地说明运动员上肢的"延缓"能力，研究结果表明，一个更加稳定的出手姿态比获得理想的出手速度和出手角度更能对比赛产生积极的影响。董海军等通过分析上肢肩、肘、腕关节以及标枪速度来探讨运动员上肢"延缓"能力，发现运动员存在加速不合理现象。卢竞荣对交叉步、最后用力阶段进行分析，发现我国运动员躯干后倾角度过大，交叉步动作及环节发力动作不合理,强调身体各环节应呈现由下至上的发力顺序。郝永霞等对标枪运动员最后用力阶段的速度特征进行研究,发现运动员"转髋"动作不积极,存在不同程度的上肢提前加速现象。李建臣等对最后用力阶段上肢投掷臂动作进行研究,发现投掷臂加速距离较短,右肩角的变化影响了最后的出手质量,存在躯干加速过早的现象。

熊安竹采用三维录像拍摄与肌电相结合方法对运动员最后用力阶段进行研究,将最后用力分为双支撑、"满弓"与出手三个阶段。李建臣等对运动员最后一步右腿动作进行研究,发现我国运动员单支撑时间较长,右腿保持速度能力较差。王倩采用动力学与运动学相结合的方式对男子和女子标枪进行风洞试验,采用计算机模拟得出运动员的最佳出手条件,运动成绩的提高是出手速度与其他出手参数共同作用的结果,助跑阶段、转换阶段与最后用力阶段需要相互衔接才能发挥出最佳水平。闫国强对优秀女子标枪运动员最后一步19项技术运动学指标关联性进行分析,其中出手速度、角度和高度对运动成绩影响最大。王利勇强调在交叉步阶段应尽量减少重心速度的损失。

左膝关节角一直以来被教练员所重视,左膝关节角度的大小对于速度的上传起到重要作用,支撑的好坏对运动员成绩有决定性影响,可以说左脚着地瞬间较大的左膝关节角是取得理想投掷成绩的重要因素。康利则强调了左侧支撑对于最后用力阶段"满弓"以及"鞭打"的重要性。李建臣等对女子标枪运动员最后一步左腿技术动作进行研究发现,左膝关节角度与运动成绩高度相关,运动员在右脚着地后左腿动作幅度小,动作不积极,支撑能力不足,应加强左侧技术的练习。

上述国内外各研究人员对标枪运动员技术运动学的研究内容丰富多样,在有关标枪运动员投掷表现与技术的文献中存在不同的观点。研究重点集中于交叉步与最后用力,研究主要以保持身体重心速度、有效制动以及身体各环节协调发力为主。出手参数作为影响运动成绩的主要因素已被广大学者所认同。多数研究样本以一场比赛为主,样本量相对较少,缺乏对影响运动员技术表现因素的深层分析。许多学者对高水平运动员的运动学技术参数进行了相关分析及对比分析,然而这些研究并非在提出假设的前提下进行,多是对技术的描述而非评价技术。尽管一些研究指出运动生物力学参数与技术的理论关系,但缺乏相关实证,使得这些运动生物力学参数对标枪技术的重要作用仍然具有不确定性。此外，出手参数指标无法应用于训练实践之中，研究中阐述了优秀运动员的出手特点，但没有给出如何获取这些出手特点的方式或手段。在所收集的文献中，相关学者将助跑速度、上肢动作以及时机假设为影响官方距离的因素，但最终并没有发现这些技术环节对运动表现有明显影响。因此，我们有必要探究影响标枪运动员竞技表现的技术因素，得出更加具体的动作模式，从而为广大实践人员尤其是教练员与运动员提供积极的参考信息。教练员无法通过简单的出手参数对运动员技术动作做出判断，因此有必要建立我国女子标枪运动员技术运动学方面的深层指标体系，为我国女子标枪运动员的技术训练提供参考。

3

研究对象与研究方法

3.1 研究对象

研究对象是我国优秀女子标枪运动员技术的运动学评价与诊断。

以2016年全国田径投掷公开赛(成都站)、2016年全国田径大奖赛(淮安站)、2016年国际田联世界田径挑战赛(北京站)以及2017年全国田径投掷项群赛(成都站)4场女子标枪投掷决赛,共计14名运动员36人次投枪的比赛录像为调查对象。其中,52~56米(一级)水平共10枪,56~62米(健将)水平共21枪,62米以上(国际健将)水平为5枪。研究以这36人次投枪最后三步的运动学数据来构建我国优秀女子标枪运动员评价与诊断的运动学指标体系,运动员具体成绩如表3-1所示。

表3-1 运动员比赛成绩($n=36$)

姓名	成绩(米)	赛事名称	比赛日期
刘诗颖	65.47	全国田径投掷项群赛(成都站)	2017.3.27
刘诗颖	63.33	全国田径投掷项群赛(成都站)	2017.3.27
吕会会	61.45	全国田径投掷项群赛(成都站)	2017.3.27
吕会会	60.89	全国田径投掷项群赛(成都站)	2017.3.27
吕会会	61.18	全国田径投掷项群赛(成都站)	2017.3.27
苏玲丹	57.26	全国田径投掷项群赛(成都站)	2017.3.27
杨新丽	57.58	全国田径投掷项群赛(成都站)	2017.3.27
张莉	59.36	全国田径投掷项群赛(成都站)	2017.3.27
朱丹丹	56.47	全国田径投掷项群赛(成都站)	2017.3.27
李玲蔚	59.55	全国田径投掷项群赛(成都站)	2017.3.27
苏玲丹	55.67	全国田径投掷项群赛(成都站)	2017.3.27
朱丹丹	54.00	全国田径投掷项群赛(成都站)	2017.3.27
陈陈	52.56	全国田径投掷项群赛(成都站)	2017.3.27

续表

姓名	成绩(米)	赛事名称	比赛日期
仁青卓玛	53.9	全国田径投掷项群赛(成都站)	2017.3.27
吕会会	62.85	全国田径大奖赛(淮安站)	2016.4.21
吕会会	61.96	全国田径大奖赛(淮安站)	2016.4.21
吕会会	61.67	全国田径大奖赛(淮安站)	2016.4.21
苏玲丹	53.7	全国田径大奖赛(淮安站)	2016.4.21
吴晓倩	52.22	全国田径大奖赛(淮安站)	2016.4.21
杜晓玮	56.05	全国田径大奖赛(淮安站)	2016.4.21
刘诗颖	62.3	国际田联世界田径挑战赛(北京站)	2016.5.18
李玲蔚	61.52	国际田联世界田径挑战赛(北京站)	2016.5.18
张莉	60.95	国际田联世界田径挑战赛(北京站)	2016.5.18
刘诗颖	60.37	国际田联世界田径挑战赛(北京站)	2016.5.18
刘诗颖	61.02	全国田径投掷项群赛(成都站)	2016.4.6
刘诗颖	61.31	全国田径投掷项群赛(成都站)	2016.4.6
刘诗颖	63.27	全国田径投掷项群赛(成都站)	2016.4.6
张莉	57.7	全国田径投掷项群赛(成都站)	2016.4.6
张莉	57.75	全国田径投掷项群赛(成都站)	2016.4.6
张莉	57.89	全国田径投掷项群赛(成都站)	2016.4.6
张莉	59.02	全国田径投掷项群赛(成都站)	2016.4.6
杜晓玮	56.32	全国田径投掷项群赛(成都站)	2016.4.6
于玉珍	54.81	全国田径投掷项群赛(成都站)	2016.4.6
陈佳佳	54.29	全国田径投掷项群赛(成都站)	2016.4.6
贺代显	52.41	全国田径投掷项群赛(成都站)	2016.4.6
朱丹丹	55.27	全国田径投掷项群赛(成都站)	2016.4.6

3.2 研究方法

3.2.1 文献资料法

从国家图书馆、北京体育大学图书馆、中国学术期刊网,以标枪、高水平运动员、标枪技术、模型等关键词进行组合检索;通过 www.google.com、国际田联(https://worldathletics.org/)、Wiley Online Library、Taylor & Francis、EBSCO 体育学数据库,以 javelin、javelin technique、model building、model evaluation 等为关键词进行检索。获取与本研究相关的研究资料,进行文献归纳与提炼,为本研究提供理论依据。

3.2.2 跟踪调查法

理论源于实践,实践是认识的来源、是理论的基础,对理论具有决定作用。为加强对标枪项目的认识,深化对标枪技术的见解,笔者长期在国家队一线进行实地跟踪,在实践中不断学习,并与理论相结合,了解我国优秀女子标枪运动员的技术特点、训练特点,以及教练员的执教理念。在此基础上,就我国运动员在比赛及训练中技术关键点存在的普遍问题等进行汇总,为技术运动学指标的选取建立良好的实践基础。

3.2.3 三维录像拍摄法

3.2.3.1 录像拍摄

采用两台 JVC 高速摄像机用于拍摄比赛录像,拍摄帧数设置为 100 帧/秒,其中一台摄像机(正机)设置在助跑道后侧偏左位置,目的在于能够从后视角看清运动员的技术动作;另外一台(侧机)安置在助跑道右侧(图 3-1)。每台摄像机摆放的具体位置,应保证运动员以及标枪能够在摄像机拍摄范围内,即倒数第三步右脚着地至标枪出手瞬间后 4 帧的范围应在两台摄像机的拍摄范围内,两台摄像机主光轴夹角控制在 100~120 度。摄像机高度为 1.5 米左右,电子快门速度为1/1 000秒。

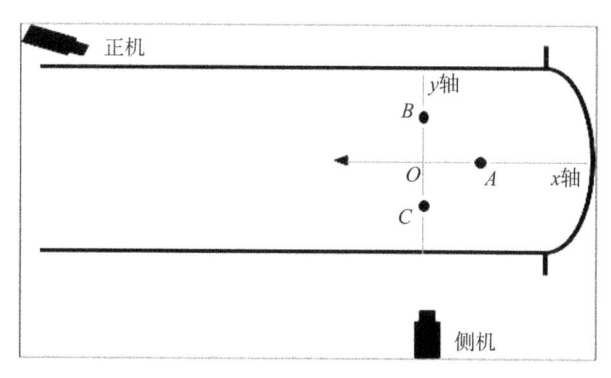

图 3-1　摄像机摆放位置示意图

本研究使用北京体育大学视讯图像解析系统配置的 28 点辐射性标定(美国 simi)框架(图 3-2)。组装框架安装于三脚架上,调整正机、侧机,确保两台机器都能看到框架的所有标志杆,记录正机、侧机拍摄画面中每根杆的位置。在每场比赛之前或比赛后对空间范围进行标定并建立坐标系,将标定框架置于助跑道内侧(已知他们在参照框架中的空间坐标)。

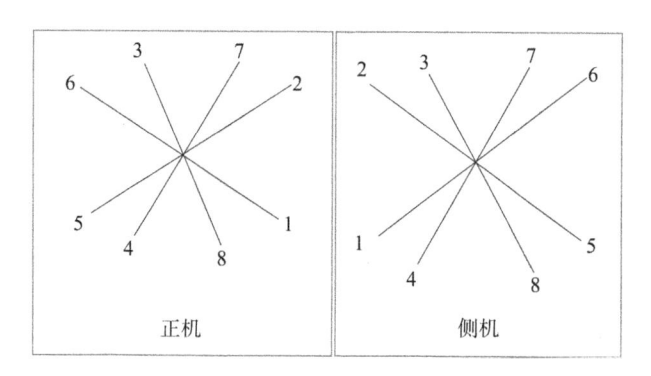

图 3-2　标枪三维拍摄框架标定示意图

将自制地标小球摆好,如图 3-1 所示。其中,O 为原点,OA 为 x 轴,与助跑道方向平行,OB 为 y 轴,过 O 点垂直于 XOY 的则为 z 轴。OA、OB、OC 距离都为 1 米,O 点为 BC 连线的中点。用米尺确认 O 点和 x 轴上点到一侧跑道的距离相同,即确保 x 轴与跑道平行,测出 O 点至犯规线的距离,以 O 点与 x

轴上的点确定米尺走向。

3.2.3.2 运动图像解析

1）视频剪辑

打开标枪比赛视频，视频查看方式默认为 1 帧，设置视频"首帧"与"末帧"并进行保存。

2）视频合成

借助视频合成软件，分别将正机、侧机视频打开，确定同一运动员在同一时刻画面，同一时刻画面选择可以出手时刻、冲量步右脚着地时刻等作为判定标准。点击"同步设置"选项，完成正机、侧机视频同步设置，随后拖动视频进度条，检验视频播放是否为同一运动员同一时刻动作。

对正机、侧机视频进行同步确认后，选定视频"开始帧"与"结束帧"，进行"首帧"设置与"末帧"设置并保存为"全帧未压缩"。保存后的视频，均以正机播放在前，侧机播放在后，本研究将倒数第三步右脚着地时刻设置为首帧、将标枪出手后 4 帧设置为末帧（图 3-3）。

图 3-3 技术拍摄范围

3）三维标定

打开"标定"中的"框架",导入 fra 格式的 simi 文件,分别载入已剪辑好的正机、侧机框架拍摄文件,根据拍摄时所记录的每一杆的位置,分别对正机、侧机图像中点出的框架白球中心点进行描点,计算误差,总平均误差保证最后一列数据都小于 0.005。最后将框架数据输出,文件名为"标枪三维解析标定文件.e3f"。

4）三维解析

打开三维标定界面,首先设置解析内容,将测试对象的具体情况(姓名、性别、年龄、身高、体重、专项、运动级别)进行录入,将坐标标定长度单位设置为米,采集频率为 100 Hz。解析点设置,选择扎齐奥尔斯基模型 23 个关键人体标定点(23 个身体标定点为颅顶点、第七颈椎、胸骨下点、脐点、耻骨点、右肩峰、右肘、右腕、右手中指指尖、右髋、右膝、右踝、右足跟、右趾尖、左肩峰、左肘、左腕、左手中指指尖、左髋、左膝、左踝、左足跟以及左趾尖),并在此基础上添加标枪枪尖、缠绳把手前沿、枪尾 3 个标枪解析点,确定测量点后,将此解析点导出并形成模板,以方便后续视频解析。

在三维解析界面下,将 36 人次视频合成录像分别进行一一解析,对 26 个标定点进行逐点解析描点,在此过程中检查已解析点的轨迹,对个别点进行修正,保证解析点显示的轨迹图像平滑无尖锐的拐点。完成正机、侧机视频所有点解析后,再次进入标定界面,导入标定文件"标枪三维解析标定文件.e3f"进行计算,随后进入解析界面,设置低通滤波处理为 10 Hz,计算标定后解析点坐标,对坐标文件进行命名并输出,保存格式为 tsv。

5）三维解析点坐标转换

三维解析所输出的 tsv 文件中,各解析点的坐标值为以框架的三维坐标系所标定的空间位置点。需要进行坐标转换这一过程,使得坐标转换后 tsv 文件内各解析点的三维坐标值以大地坐标系为基准。将图像合成三维框架视频,确定三维空间中的原点以及 x、y 方向,对地标点进行"描点"解析,用框架数据"标枪三维解析标定文件.e3f"标定三维视频,导出文件"标枪地标点的坐标位置.tsv",将此文件中的 x、y、z 点坐标输入坐标转换软件中的相应位置,输出坐标转换后的文件,并在此基础上得出所需数据(图 3-4)。

在研究过程中,根据本研究的研究目的和研究内容,运用统计软件等得出

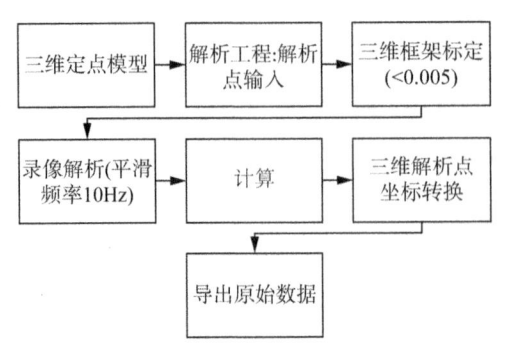

图 3-4 视讯解析系统数据处理流程图

所需的运动学指标,以保证研究的客观性和科学性。为保证数据可靠性,减少数据误差,整个数据获取过程由笔者独立完成。

3.2.4 专家访谈法

对标枪方面专家学者、教练员、科研人员进行调查访问,主要集中在选题依据、研究意义、研究现状等问题上,综合各方面专家的建议,最终确定研究的主要方向和内容。利用参加女子投掷工作会议和全国一类田径比赛服务的机会,走访资深的训练学专家、教练,就研究论题等方面征询了意见,提高了本研究的价值和客观性。走访生物力学、训练学等学科的专家,就研究内容的遴选和测试方法、手段的设计全面性进行了咨询(表 3-2)。

表 3-2 专家访谈表

姓名	单位	职称	专业
Garry Calvert	中国田径运动管理中心	国际田联一级讲师	标枪训练
Klaus Bartonietz	江苏省田径运动管理中心	国际田联一级讲师	运动生物力学、标枪训练
Uwe Hohn	中国田径运动管理中心(2014—2016)	国际田联一级讲师	标枪训练
吕刚	湖北省田径运动管理中心	高级教练	标枪训练
郭庆仙	山东省田径运动管理中心	高级教练	标枪训练

续表

姓名	单位	职称	专业
纪占政	北京体育大学	中级教练	标枪训练
汤立双	湖南省田径管理中心	高级教练	标枪训练
曲峰	北京体育大学	教授	运动生物力学
刘卉	北京体育大学	教授	运动生物力学
孙福海	天津市田径管理中心	高级教练	标枪训练
多吉	西藏自治区田径运动管理中心	中级教练	标枪训练
闻洪明	黑龙江省田径运动管理中心	高级教练	标枪训练

3.2.5 问卷调查法

在查阅大量国内外有关文献资料的基础上,结合对具有丰富理论与训练经验的体育院校专家教授与教练员的访谈,拟定出关于优秀标枪运动员技术的运动学初选指标,并以此为依据设计调查问卷。通过函调和利用全国大奖赛、投掷公开赛等各种机会向有关专家咨询。问卷回收后进行统计处理,进行第二轮指标筛选。结合问卷统计处理结果,最后为使研究尽可能地贴近标枪训练实践,在收集和归纳反映标枪技术运动学指标的基础上,对国家和部分省队教练员进行访谈,请他们进行实践经验筛选,剔除那些在训练实践中很少或根本不采用的指标,确定复选指标。

3.2.6 数理统计法

在研究过程中,根据本研究的研究目的和研究内容,运用 Excel2016、SPSS 24 对解析数据进行相关处理。采用统计软件对调查问卷、解析数据等进行统计分析、相关分析和方差分析等统计学处理,得出所需的运动学指标,以保证研究的客观性和科学性。

3.3 研究步骤和工作计划

关于我国优秀女子标枪运动员技术的运动学评价与诊断的研究步骤和工作计划见图 3-5。

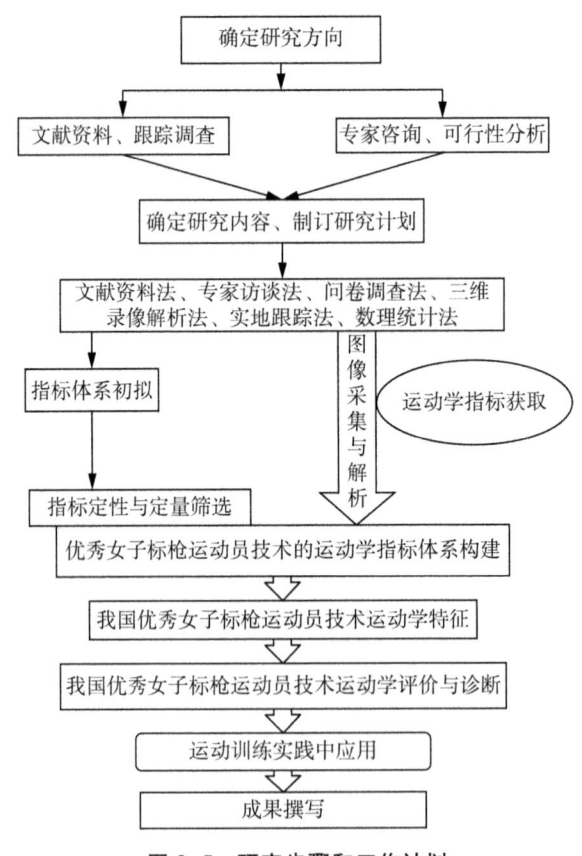

图 3-5 研究步骤和工作计划

4

研究结果与讨论

4.1 标枪技术的运动学评价与诊断理论基础

4.1.1 影响标枪运动成绩的因素

标枪运动表现是由官方距离决定的,通过投掷距离的长短来判断运动员的竞技能力水平。因此,最大化的距离可以表现最佳技术。1996年,泽莱兹尼创造了98.48米的世界纪录,而且他还拥有世界男子标枪最远的五次成绩。目前,女子标枪的世界纪录为72.28米,由斯波塔科娃在2009年创造。而对不同技术的分析、探究良好技术表现的要点、寻求技术改进出路将有助于提高运动员的技术表现。

标枪运动员的技术决定着标枪出手各种参数的变化,并最终决定了运动员的竞技表现。出手参数中,尤其是出手速度,在理论上直接决定了真空条件下的标枪飞行距离。出手参数、标枪本身以及环境因素共同决定了空气条件下的标枪飞行距离。官方距离、出手速度以及空气动力学距离是决定标枪飞行距离的主要因素。追求最佳表现是标枪投掷技术的目标,即追求更大的投掷距离。标枪运动员的竞技表现体现在在助跑道上运动员能够投出多远的距离,也就是运动员的官方距离,这一距离是由标枪落地后的首次触地点取直线量至投掷弧内沿,测量线应通过投掷弧的圆心。官方距离由三个部分组成:真空飞行距离、空气动力学距离以及损失距离。真空距离是官方距离的主要组成部分,是在不考虑空气阻力下的投掷距离,其主要受出手速度的影响。空气动力学距离是第二个主要组成部分,是考虑了空气阻力的距离,其主要与出手速度的方向有关。损失距离是被认定为标枪运动员的非有效距离,一般指运动员出手瞬间至犯规线的距离,对官方距离的影响较小,一般可通过调整出手位置减少这一因素的影响。因此,掷标枪运动的成绩更多取决于官方距离、出手速度以及空气动力学距离。

4.1.1.1 影响真空距离的因素

为获得最大的官方距离,标枪出手时应遵循真空下的抛体运动特点以及有效的空气动力学效益。真空下抛体运动距离是官方距离的主要组成。在真空条件下，将物体视为质点，其飞行距离取决于出手速度、出手角度以及出手高度。出手速度是标枪质心在出手瞬间的速度，出手速度是矢量，即它具有方向性。出手高度是标枪出手瞬间标枪质心与地面的垂直距离。出手角度是标枪出手速度矢量与地面之间的夹角。真空条件下的最佳出手特点，体现在具有较高的出手速度以及合理的出手角度。在标枪出手后，运动员便无法对标枪施加作用力以增加投掷距离，因此标枪技术的目标在于最佳化出手质量以获得最远的官方距离。真空条件下的飞行距离完全取决于出手速度、出手角度、出手高度以及重力加速度。

$$D = \frac{V^2}{g}\cos a_v \left(\sin a_v + \sqrt{\sin^2 a_v + \frac{2hg}{v^2}}\right)$$

式中，D 代表投掷距离；V 代表出手速度；a 代表出手角度；h 代表出手高度；g 代表重力加速度。出手速度的获得来源于助跑以及投掷步的总和，不同于其他三个田赛投掷项目，掷标枪基本不受投掷空间的限制，助跑道的存在使得运动员能够获得足够的速度，但同时也提高了运动员的技术要求，因此每名运动员的助跑速度都要在自身所控制的范围内有效地转换为出手速度。运动员要在助跑速度与最终的投掷距离之间做好权衡，多数学者研究认为，女子标枪运动员需具备 25 米/秒的速度才能投出 60 米以上的成绩。出手速度被认为与官方距离具有高度正相关关系。在有关影响出手速度与助跑速度、助跑姿势的研究中，有一种被称为欧洲风格的加速方式，即尽可能地将所有的助跑速度用于出手速度之中；另一种是芬兰风格，即允许运动员在转换阶段有一定程度的减速。随后 Komi 和 Mero 进行了一项研究，两组人员采用不同技术进行投掷，其中一组采用芬兰风格，在最后出手时速度减至助跑时的 58%，另外一组减至助跑时的 77%。最终结果显示，采用芬兰风格的组通过降低助跑速度获得了某种优势，使得最终的投掷距离超过另外一组。作者指出，保留 58% 助跑速度的运动员最后出手速度比保留 77% 助跑速度的运动员出手速度要快 1 米/秒，因此当我们将这一因素考虑在内时，助跑速度的不同可以忽略。此外，研究表明，助跑速度与官方距离之间不存在相关关系，综上考虑，助跑速度的作用对于技术的重要性仍未解决。

增加出手速度的方式是通过助跑速度将力作用于一定力矩施加于标枪。将一定的力施加于更大的力矩或将一定的力矩施加更大的力,抑或者将两者结合以增加出手速度。在有关增加力矩的研究中,Kunz 和 Kaufman 建议增加躯干倾斜角度,躯干倾斜角增加,标枪水平与垂直加速路线也随之增加,并发现躯干倾斜角度与运动成绩呈正相关。不同身体环节的加速时机是另外一个增加出手速度的方法。通过序列性的加速身体环节逐渐达到最大速度,使动力链由脚下逐层传递至躯干、肩关节,然后到达最后一环——标枪。这一方法通过角动量传递,最终将力施加于标枪。有研究已报道竞技标枪运动员中存在运动链序列,并且大量运动员间存在个体差异,此外并未发现这种序列与出手速度或官方距离有直接关系。

真空条件下,若不考虑其他出手因素的影响,出手角度应该在 45 度左右。然而现实中出手角度与出手速度息息相关,出手角度的改变会带来出手速度的改变,这一关系同样在其他投掷项目中得到证实,两者间关系主要是线性负相关,也有报道称两者呈正相关关系。这意味着出手角度是可变的,有最佳的范围,同时具有运动员个体差异。有研究认为,标枪最佳出手角度约为 36.5 度,并能减少对出手速度的损失。当出手角度增加 3 度(30 度增大至 33 度)时,官方距离就会减少 1 米的成绩。

出手高度的增加会带来官方距离的提高,但却会带来运动技术的改变。因此,这一参数应被优化而不是任意增加,出手高度应在不影响投掷技术的情况下寻求最大化。尽管标枪出手是在头部上方,肘关节伸展时掷出,但是由于躯干屈曲及侧屈的原因会带来出手高度的降低。Miller 和 Munro 发现,在最大化标枪出手高度时的投掷距离增加了 0.35 米,这也表明了在三个因素中,出手高度对标枪飞行距离的影响是最小的。

4.1.1.2 影响空气阻力距离的因素

空气阻力影响是决定出手距离的第二主要影响因素。标枪是受空气动力学影响最大的一个田赛项目,标枪所受到的空气动力学影响是铁饼的 5 倍,是铅球或链球的 500 倍。德国运动员霍恩在 1984 年创造了 104.8 米的世界纪录后,男子标枪重心前移,以使枪尖能够更早着地,这一规则的更改主要对空气动力学距离产生了影响。女子项目在 1990 年也做了同样的改变。标枪运动员的投掷技术产生的出手参数对空气动力学距离产生主要影响。空气动力学距离的计算方法不同于官方距离、真空距离和损失距离。环境条件,诸如气压、风速与风向等都不会影响真空飞行距离,但却对空气动力学距离有巨大影响,空气湿度的增加会带来标枪飞行距离的减少,然而在研究中也很少考虑到风速的影响,对环境的讨论涉及更少。用于计算真空飞行距离的出手参数为出手速度、出手角度、出手高度以及重力加速度(图4-1)。同时,出手速度与出手角度也是空气动力学距离的影响因素,出手速度是出手瞬间标枪质心的出手速度矢量的绝对量。在空气条件下,这一速度应参照风的矢量,然而在多数研究中一般将风速及其方向考虑为零。因此,出手速度就是相对于摄像机镜头的速度,现实中标枪运动员的出手速度要比风速快得多,所以将风速设定为零对最后结果的影响较小。

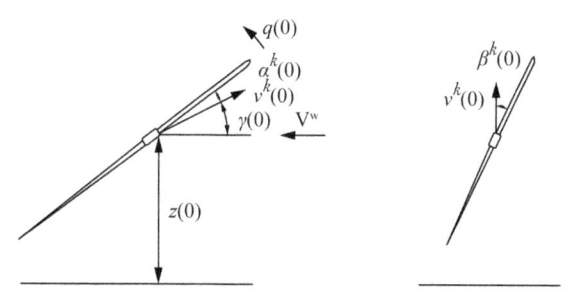

注:$z(0)$为出手高度;$\gamma(0)$为出手角度;$\alpha^k(0)$为攻角; $\beta^k(0)$为偏斜角;$v^k(0)$为出手速度

图4-1　标枪出手参数

还有其他出手参数同样影响空气动力学距离,这些参数包括攻角、偏斜角、姿态角、偏航角、俯仰率以及出手瞬间标枪的振动,它们都可以影响标枪在空气状态下的受力状态。标枪的空气动力学特点,诸如质量、形状、表面、转动惯量、升力与阻力系数和发射区域都会影响到其空气动力学距离,出手参数、标枪性质以及环境条件三者综合影响着空气动力学距离。标枪在空气条件下的飞行时间是真空条件下的2.5倍,这对于投掷距离来说是一个巨大的优势。对于拥有较高出手速度的运动员来说,空气动力学距离或许更加重要。空气阻力下的距离主要取决于标枪相对于出手速度的方向,即攻角和偏斜角。攻角是出手瞬间标枪长轴与出手速度矢量之间的夹角;偏斜角亦称侧向攻角,是俯视角度下,出手瞬间标枪长轴与出手速度方向之间的夹角。

4.1.1.3　影响损失距离的因素

运动员的技术决定了损失距离的长短,损失距离是标枪飞行距离的一部分,但这一部分距离不在官方测量范围内。因此,标枪在犯规线外沿内的飞行距离都不被认定为官方距离,官方距离的测定是犯规线外延至标枪枪尖第一着地点的直线(通过"投掷弧"圆心)。因此,即使运动员在跑道最右侧出手,而枪尖落在最左侧,标枪的实际飞行距离要比官方测定的远,这一距离也不会得到承认。作为官方距离的组成部分,损失距离可以通过运动员的标枪出手点靠近犯规线的方式最小化,此外沿着助跑道中线进行加速也会使损失距离得到减少。然而上述两种举措的实际意义不大,现实中运动员一方面需要在标枪出手后进行缓冲,另一方面运动员有着自身独特的加速路线(靠右侧跑道)。考虑到损失距离对官方距离的影响很小,减小损失距离应在运动员不犯规且不影响技术发挥的情况下进行。

4.1.2　标枪技术概论

投掷动作常被分为肩下投(underarm)、肩上投(overarm)或肩外侧投(sidearm),其中肩上投或肩外侧投被称为对角性投掷动作,因为这两个动作都要通过躯干的侧倾来完成。肩上投时躯干向对侧屈曲,肩外侧投时躯干向同侧屈曲。从定义来讲,掷标枪属于肩上投项目。标枪由枪头、枪身和缠绳把手三个部分组成。其中,枪尖为金属材料制成,枪身由金属、碳纤维或其他适宜材料制成,缠绳把手包绕标枪重心。运动员的投掷范围处在长度为33.5~36.5米、宽度为4米的跑道,助跑道前端为半径8米的一条弧线,运动员应在投掷弧后方完成投掷(图4-2)。掷标枪技术复杂、要求高,运动员需要将多关节肌群以精准的协调、控制能力作用于标枪,从而产生较高的出手速度,且能够很好地控制标枪的出手角度。掷标枪的技术主要分为五个部分:握枪、助跑、转换、最后用力、缓冲(图4-3)。其中,助跑又分为周期性助跑和非周期性助跑。周期性助跑是运动员沿投掷方向进行加速助跑建立动量;非周期性助跑是从运动员"引枪"开始,身体侧对投掷方向,并使躯干及肩部肌群拉伸。转换指运动员经非周期性助跑最后一步(右手投掷运动员)右脚着地,由右脚单支撑快速过渡至左脚着地制动,形成双支撑。理论上讲,转换阶段同样属于非周期性助跑阶段,但考虑到这一步的特殊作用,作为助跑至最后用力的过渡环节,本研究将最后一步特称为转换阶段,并加以解释。最后用力指最后一步左脚着地标志着最后用力的开始,运动员迅速减速,将助跑动量转换至标枪速度。缓冲维持平衡,标枪掷出后,开始一系列的投掷动作减速,恢复身体平衡。

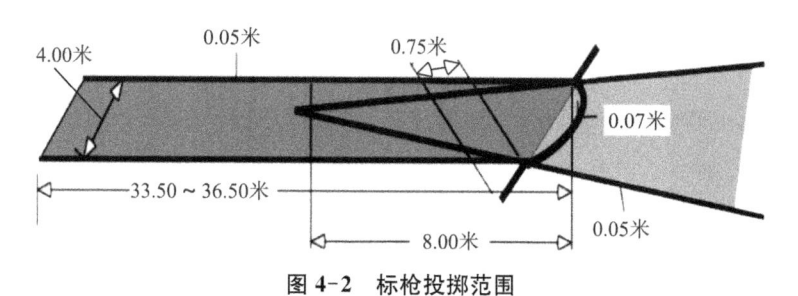

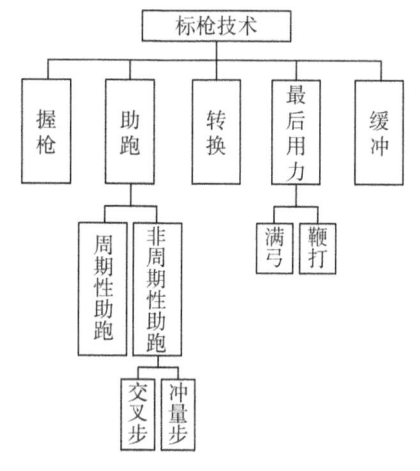

图 4-2 标枪投掷范围

图 4-3 标枪技术划分

4.1.2.1 握枪

握枪是为了将人体运动产生的速度和力量通过"握点"有效地传递、作用于标枪。合理的握枪方法既要握牢、不滑落,又要保持手腕和手指在最后用力前相对放松,以便最后快速收缩用力。现代握枪主要有两种方法,标枪线把斜过掌心，用拇指和食指握在标枪线把末端第一圈上沿，或用拇指和中指握在标枪线把末端第一圈上沿，其余手指自然扶枪。握法的选用应根据运动员采用的"引枪"方法及运动员感觉自然、放松，能发挥腕指力量而定。后一种方法较为优越。因为中指最长而且有力量，能在标枪出手瞬间充分利用中指对器械施力，增加用力距离，可以提高标枪出手后自转速度，增强标枪飞行稳定性。

4.1.2.2　周期性助跑

周期性助跑又称为预跑，根据牛顿第二定律（$\sum F=ma$），相比原地投掷，运动员借助助跑可以投出更远的距离，因此运动员投掷前有必要获取一定的助跑速度。助跑时，运动员持枪正对投掷方向，投掷臂屈曲保持不变，缠绳把手稳定在头部位置，身体相对直立，自由臂（非投掷臂）动作同跑步一致，"髋轴""肩轴"基本与投掷方向垂直（图 4-4）。

图 4-4　周期性助跑

周期性助跑主要目的在于使"运动员—标枪"系统获得相对的助跑速度，并转换为最终的出手速度。运动员的助跑速度没有具体的数值，但此速度应在其控制范围内，并呈现出逐渐加速的状态。Menzel 认为，世界优秀运动员的助跑速度在 5.5～7.6 米/秒之间，不同运动员之间具有个体差异性，此阶段运动员一般需要 10～15 步，平稳地在自身可控制的范围内逐渐进入下一阶段。标枪项目由助跑到投枪有足够的空间用于加速,运动员常会陷入的误区是违反"动作经济性",即在助跑阶段追求过快的速度,在投掷步前达到了整个加速过程的最快速度,在投掷步和最后用力前速度越来越慢,且由于过快的助跑速度导致上肢加速过快而下肢动量未能有效利用。因此,周期性助跑速度应采用适合运动员自身节奏且能最大化利用的速度。

4.1.2.3 非周期性助跑

同周期性助跑相比,"引枪"动作的开始标志着非周期性助跑的开始。运动员由正对投掷方向转为侧对投掷方向,芬兰人采取两步"引枪"姿势,运动员向前向下半圆式"引枪",这种姿势更加流畅,能更好地维持助跑速度,缺点是标枪在"引枪"过程中位置发生较大变化,因此要求运动员在"引枪"后标枪在正确位置,我国运动员刘诗颖、张莉常采用这种"引枪"技术。相对来说,瑞典式"引枪"更加简单直接,随着转体运动员将标枪直接后引,这种"引枪"方式是目前被广泛使用的技术。

依各步的功能不同,国内学者一般将整个非周期性助跑称为投掷步阶段,其中倒数第二步特指交叉步。国外学者则将非周期性助跑称为交叉步阶段,其中由于运动员在这一步形成一个较大的冲量,特将倒数第二步称为冲量步(impulse step)(图 4-5)。虽然国内外学者对于最后两步的命名不同,但对于各步的理解都相近,运动员从"引枪"开始后每一步都会进行交叉助跑,为了避免概念混淆,加强对各步的理解,本研究以交叉步、冲量步(倒数第二步)的叫法对各技术步进行解读。

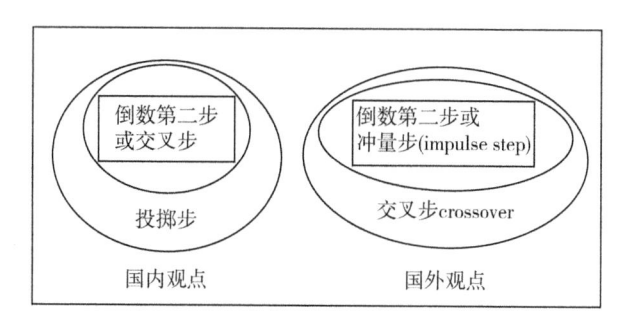

图 4-5 非周期性助跑不同观点

早期投掷步数比较单一,现代掷标枪非周期性助跑被赋予更多功能,要保持助跑速度同时为最后用力"人—枪"系统建立良好的投掷姿势。运动员"引枪"后(以右手投掷运动员为例),右侧肘关节处于完全伸展状态,并外旋水平外展,此时持枪手臂高度基本与肩关节高度一致,掌心朝上,常有运动员甚至是高水平运动员掌心朝外,造成伤病隐患,更不利于后面的"转肩"动作。"引枪"结束后"肩轴"与"髋轴"基本与投掷方向相平行,左侧躯干引领右侧躯干继续向前行进。持枪手臂姿势应一直维持到最后一步左脚着地,这是为了保证运动员对标枪做最大的机械功,也就是我们说的加速路线,从而增加标枪的动能。流畅性是运动员完成非周期性助跑的重要特征,优秀运动员重心移动轨迹应如图4-6所示,线性轨迹平滑,力量尽可能地沿水平方向移动。而部分运动员的常见错误如图4-6(一般运动员)所示,运动员在移动过程中会产生许多阻力(垂直方向的分力),从而影响投掷臂的稳定性,若在倒数第二步(冲量步)垂直分力过多,则制动步步长缩短,身体转换动量的能力受限,因此保持重心轨迹的平缓也就意味着减少了阻力。

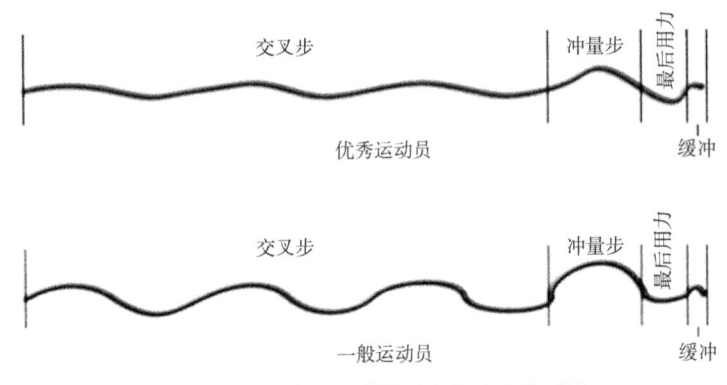

图 4-6 不同水平运动员重心轨迹变化对比

1) 交叉步

交叉步是周期性助跑后转为侧对投掷方向的非周期性助跑阶段。将速度作用于标枪是标枪运动员面临的最大难题之一,许多运动员可以在助跑阶段建立一个较合理的速度,但在交叉步过程中速度却越来越慢。现代标枪投掷运动中,交叉步不仅仅是作为一个桥梁将助跑速度转化为最后的投掷速度,还要在此过程中进一步加速"人—枪"系统,运动员整体的速度节奏应是逐渐加快的。现实中极少有运动员能够在交叉步过程中继续加速。"引枪"姿势开始后,"肩轴"旋转使躯干与上肢产生力矩,此时若运动员专注度不足,会使脚落地时与投掷方向呈90度,这对运动员继续维持跑步式姿势加速变得更加困难,因此交叉步不宜过多,一般为3~5步,少数运动员达到7~9步;行进过程中躯干应尽量保持正直,运动员应努力使身体重心在每一步都处在支撑脚的垂直线上。

2)冲量步

影响出手速度的因素有很多,如助跑速度、最后一步左脚快速着地能力、力的合成、肌肉收缩、身体杠杆利用以及发力时机等。但需要铭记的是如果运动员没有建立一个合理的身体姿势,上述的所有因素都是无用的,合理的身体姿势使运动员能良好地利用各环节所获得的动量作用于器械,而良好的身体姿势取决于非周期性助跑阶段的倒数第二步即冲量步的质量(图4-7)。

图 4-7　冲量步示意图

冲量步是影响标枪运动成绩的重要因素,标枪运动员在这一阶段会尽最大可能获得足够长的距离,达到这一目标的唯一途径就是在这一阶段继续加速,脚部的速度最终决定了出手速度。冲量步不仅是连接助跑与投掷的关键环节,还确保右脚首先作用于最后用力,这也为"近端—远端"模式的建立提供保障,为前面助跑获得的动量传递提供保障。这一步从左脚着地开始至右脚着地结束,脚着地后应迅速作用于地面,同时右小腿积极前摆引领整个"人—枪"系统,并以右脚尖着地为最后投掷动作建立正确的姿势奠定基础,以确保运动员拥有较长的标枪加速路线。最后投掷力量的产生并不完全取决于肌肉收缩,还要利用杠杆原理来获得一个良好的投掷姿势。增加加速路线的正确方式应为使上侧肢体"落后"于下侧肢体，这就需要下侧肢体更加积极主动，在右脚着地后以脚尖为轴"转髋"至投掷方向，右侧膝盖向前向下运动，从而使左腿更加有效地着地制动。

尽管对冲量步步幅的建议有许多，总体认为，冲量步腾空不应太高，这是因为过高反而会降低水平速度，加重右腿的负荷并降低标枪重心，使标枪产生向下的运动趋势。由于下肢积极动作，会使躯干与上侧肢体相对落后于下肢而产生倾斜角度，对于倾斜角度各方存在不同见解，不同运动员之间也有差异，一般认为，身体重心应在右脚垂直线位置附近，重心距垂直线太过靠前或靠后都会影响随后的技术动作。重心太靠后，向后的地面反作用力增加，导致速度丢失；重心太靠前，躯干在惯性作用下（相对于下肢）过早前移，不利于下肢动量利用。排除运动员个体技术的差异性，教练员与运动员在设计技术训练提高训练效率时，应尽可能减少最后右脚着地速度的丢失以及运动员的后倾角度。国内许多学者和教练员对右脚着地后躯干倾角仍存在着误解，认为躯干后倾会使运动员获得更多的时间以及加速距离，殊不知躯干倾角越大，速度丢失越多。目前，合理的观点认为，要想继续加速"人—枪"系统，右脚着地时的身体姿势是关键。生物力学家 Adamczewski 对优秀男子标枪运动员以及十项全能运动员进行研究发现，运动员身体姿势以及腿部动作应尽可能减少速度的丢失，并指出保持甚至增加冲量步前的速度是不可能的任务。而随后 Adamczewski 在对优秀运动员进行为期一个赛季的应用研究中，论证了运动员右脚着地后增加速度的可能性：在冲量步基础上保持身体姿势与地面夹角呈垂直状态，落地瞬间以右脚前脚掌着地以保证身体随后的加速。

运动员冲量步右脚着地瞬间的身体姿势是前面一系列动作的结果，尤其是冲量步的结果。牛顿第三定律（作用力与反作用力）可以用来解释为何冲量步右脚着地人体会产生倾斜角，运动员若在冲量步过程中右腿采用高膝向前摆动，这一向前的力会给上半身产生相反的向后作用力，引起躯干后倾以维持平衡。因此，对于冲量步的基本原则是动作积极，左右腿交叉幅度不可过大，否则会导致身体后倾程度增加，不利于后续加速动作。此外，右脚脚尖在落地前应与投掷方向约成45度角，这一细节决定了运动员右脚着地后能否迅速蹬伸用力，继续加速"人—枪"系统。

右脚着地瞬间身体重心应在右脚垂直面上或略比垂直面靠后，运动员以前脚掌着地,膝关节微屈以利用右腿的推进力继续加速。加速的时机是在身体重心通过右脚垂直面后,右腿积极蹬伸加速,右脚跟向上,右髋关节积极内旋,训练中一些微弱的缺点可能会导致能量输出的巨大差别,消极的踝关节会使髋关节处于右脚垂直面后方,如果右髋关节不能进行内旋则会使能量泄漏。右脚脚尖面向投掷方向着地的方式优势在于,右脚着地后使更多的臀部肌群激活驱动身体继续向前。因为在左脚着地后,右腿的活动能力受限,无法进行更加积极的动作。右腿积极动作是投掷动作的关键环节,在右腿向前向上运动时,右腿带动膝关节积极内旋,因此我们可以看到优秀运动员的右脚跟向上运动,这一系列同步动作会带动右髋关节内旋而肩关节、投掷臂以及标枪处于被动状态,与此同时左脚开始着地。

4.1.2.4 转换阶段

转换阶段目的在于使运动员处于最佳的投掷姿势,是指冲量步右脚着地后至左脚着地的阶段。随着运动员右脚着地左腿继续向投掷方向伸展,在这一步中会产生一定的躯干后倾,尽管这一步属于非周期助跑的一部分,但不同于前面交叉步有腾空,运动员在这一步中没有出现腾空(图4-8)。因此,严格意义上讲,这一步应被认为是出手前的过渡环节,本研究称之为转换阶段并加以解释。

图4-8 转换阶段示意图

这一阶段最为明显的动作特征是水平转换动作,通过右腿"转髋"动作使左臂与左腿共同引领水平向前动作。运动员可以通过"坐姿"或"软支撑步"方式来减少速度的丢失,并达到降低身体重心高度的目的。首先,在整个投掷系中运动员通过周期助跑获得了6~7米/秒的助跑速度,在交叉步以及冲量步右脚"软"着地时造成一定程度的速度降低;其次,从理论上讲,通过右腿积极的"蹬转"动作可以达到加快右腿快速转换的目的。然而,要想实现腿部快速"转髋"用力,尽可能较少冲量步所造成的速度损失,运动员应屈膝缓冲以减弱落地对膝关节和髋关节所带来的负荷压力,着地时右脚与膝关节应呈对角向前方向,右脚着地角度一般与投掷方向呈45度左右,有运动员着地角度达到了90度,此时右侧髋、膝、踝关节完全侧对投掷方向,这会导致跖屈肌无法参与工作,下肢关节肌群陷入被动,因此为减少右脚单支撑的时间,右髋关节在着地时应迅速转髋,右膝关节向前向下运动,以踝关节跖屈内翻,表现在脚跟顺时针向外旋转,脚外侧着地。

转换过程中要特别注意标枪的姿势,投掷臂要始终平行于地面,右手腕不能屈曲,否则会使姿态角发生变化。在转换过程中,要特别注意保持投掷臂的伸展放松状态,并保持与地面平行,这是因为当投掷臂高度比肩关节高度低时,将很难形成"满弓"姿势。投掷臂伸展状态是获取最大加速路线的重要保证,然而这一动作姿势很少有运动员能够达到要求。

4.1.2.5 最后用力

在运动员冲量步右脚着地完成一系列动作后,左脚开始随之着地制动支撑进入到最后的投掷阶段。该阶段的最终目的是使标枪获得一个最大的出手速度,并在一个正确的方向下完成最佳出手。在标枪出手瞬间,运动员出手速度越快其身体重心速度越慢,这一现象显示左腿制动的重要性,运动员在左脚着地后开始制动,目的在于降低运动员助跑速度并同时使"人—枪"系统能量传递至标枪。要保证最大的制动效果就要最大限度保持左腿制动的稳定性,理论上,左膝关节角度越大,制动效果越明显,左膝关节角度应是完全伸直,即保持在180度左右从而有利于动量转换至标枪。因此,左脚着地后的膝关节角度应尽可能保持稳定(180度),然而由于巨大的负荷作用于左膝关节,且运动员常常会受到伤病影响,只有一些顶尖运动员能够达到此要求。多数运动员在左脚着地后,膝关节会进行一定程度的屈膝缓冲并再次伸直。

有效的制动支撑目的在于将前面助跑获得的动量转至身体其他环节,因此对腿部伸肌有较高要求。在投掷臂及标枪维持在原姿势的状态下,右腿此时已很难进行主动加速,仅右脚外侧与地面接触并"滑行"向前,右髋关节及右肩关节随之有序地转至投掷方向。髋关节与肩关节的转动依赖于左臂(自由臂)地积极"引领"与"回拉",在左脚着地后左臂与标枪长轴处于平行状态下,随着髋关节与肩关节的转动,左侧肘关节屈曲并固定于躯干左侧腰部位置。

在左脚制动前,"肩轴"线应始终与投掷方向保持平行,非投掷臂牢牢锁住"肩轴"线,非投掷臂应在左脚着地后进行制动,确保一个较长的制动步长,保证肩、髋、肘等关节的充分转动。左脚着地瞬间非投掷臂开始进行制动,肘关节从水平位置垂直屈曲下拉至腰部位置,上臂靠近躯干,小臂仍指向投掷方向。需要指出的是,运动员在这一环节应防止左侧过度旋转,应使左髋关节、肩关节及肘关节指向投掷方向,左侧关节过度旋转会带动右侧髋关节、肩关节的过多旋转,影响最后的投掷效果。

此外,标枪项目助跑中获得的速度对运动员腿部产生较大的负荷,因此要求该项目运动员具备较强的腿部力量。由于冲量步过程中运动员要承受自身体重300%～500%的负荷并以较高速度(7～8米/秒)过渡到最后用力阶段,快速离心力量显得尤为重要。此外,最后用力阶段非投掷腿需要巨大的力量将快速向前的身体进行减速制动并完成最后的用力。这一减速不仅有助于保证最后的投掷,还有助于增加投掷侧肩关节肌群的弹性负荷,提升"鞭打"效果。随后,投掷臂会在躯干以及肩关节的旋转带动下开始增加线性速度。这些关节运动包括肩关节水平内收、内旋,肘关节伸,腕关节屈。在整个制动过程中,运动员的持枪手应始终保持放松及伸展状态,并保持在肩部高度,维持标枪姿态角度,否则会对"满弓"形成、标枪加速距离、出手角度产生影响。

1) 满弓

满弓(图 4-9)是由支撑腿脚尖、髋关节、脊柱、肩关节、投掷臂组成的倒"C"字形投掷姿势。

"满弓"动作开始的标志是左脚着地,左腿积极前伸,躯干及上肢被超越,落后于下肢动作,同时在左脚着地时左侧制动,左臂向投掷反方向制动,躯干向前,躯干肌群得到预拉伸。满弓的建立对运动员身体的灵活性,尤其是肩关节部位灵活性要求较高。Gunter Tidow 将"满弓"功能比作为一个螺旋状刚叶片,然而刚叶片的实际功效与标枪运动员存在一定的区别,被压缩的刚叶片释

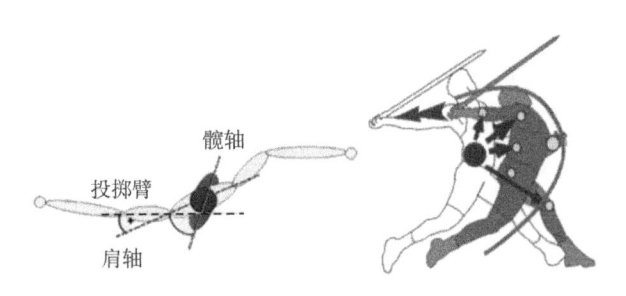

图 4-9　满弓示意图

放时处于同步状态,而运动员建立满弓投掷时则应寻求不同环节肌群的先后性。

"满弓"所储存的能量需要作用于标枪完成最后加速。"满弓"建立后投掷臂肘关节微屈,位于肩关节高度,并开始向上移动使标枪处于"满弓"位置的正上方,只有标枪处于这种位置下才有利于对标枪质心位置实施作用力。从解剖学角度来讲,肩关节并不会允许屈曲的肘关节垂直向上运动,因此运动员为使标枪处于正确位置,在最后出手时躯干会偏向一侧(图 4-10),从而使运动员出手位于左腿垂直面之上。

图 4-10　运动员出手序列图(后视角)

"满弓"过程中自由臂(左手臂)使得对角性的肩关节轴与投掷臂形成一个复合式旋转动作。此外,当投掷臂肘关节在肩关节高度时,肘关节应微屈且上提。这是因为在建立"满弓"到最后出手动作环节,为了获得足够大的力量传递效率,右肘关节需要引领最后的投掷动作而不是被牵拉至肩关节高度之下,为了正确地执行最后的"鞭打"投掷,右肘关节必须向前向上运动,且高于肩关节位置。需要指出的是右脚尖在地面"滑行",可以避免处于满弓状态下的上肢出手过快,双脚同时着地,从而为投掷建立良好的基础。

2) 鞭打

早在1971年Matwejow就将掷标枪最后的动作类比为"鞭打"。如果要让鞭子尾部产生"鞭打"的效应,应迅速向下甩动握柄,并随之快速制动或回拉,这一类比十分生动。但决不能把掷标枪理解为是简单的仅仅依靠手臂投掷的运动,其更加是一项整体的全身动作参与的项目。首先助跑为整个投掷系统提供了基础速度,随后投掷步连续不断的加速,最后以脚着地为标志的减速。在这一过程中,身体各关节的加速与减速呈现出逐渐向上的趋势,身体重心速度快速降低,相应的结果就是运动链远端环节速度急速增加。整个过程呈现出鞭打式的加速与由近及远的减速。

4.1.2.6 缓冲

运动员出手后需要迅速减速,并避免犯规。理论上为了追求最佳的力量转换,需要运动员将整个动量传递至标枪,而在现实中,很少有运动员能够在出手后完全停止运动。通常,运动员在出手后需要2~3米(1~2步)的缓冲距离来消耗剩余的动量以避免踏上或踏出犯规线。简而言之,尽管每个运动员的速度以及转换效率各有特点,但在标枪出手后仍然会有足够多的剩余能量需要进行缓冲,表现在整个身体跨过左腿,转换为右腿支撑制动以避免犯规(图4-11)。

图4-11 运动员出手后缓冲动作图

4.1.3 标枪项目特征

4.1.3.1 标枪项目的神经肌肉特征

标枪项目属于技术性很强的体能主导类快速力量性项目,要求运动员在短时间内产生最大的作用力,由于标枪器械较轻(女子使用标枪600克),相较于其他投掷项目,其对动作速度的需求更大。运动员在助跑阶段的速度可以达到7米/秒,到最后用力阶段从助跑获得的7米/秒的速度转化为30米/秒的出手速度。此外,优秀运动员出手速度的70%以上是在最后用力阶段的0.1秒内产生的。对于运动员来说,在最后用力阶段男子从左脚着地瞬间到标枪出手瞬间为0.08~0.12秒,女子为0.1~0.12秒,因此在标枪投掷中要想获得成功对力量作用效率提出了较高的要求,运动员要在最短的时间内产生最大的力量并作用于标枪纵轴,标枪运动员需要具备良好的专项技术与专项素质能力。

4.1.3.2 标枪项目的能量代谢特征

标枪运动员从助跑到出手,再到缓冲维持平衡需要6~8秒的时间,这期间人体能量释放的主要方式是通过三磷酸腺苷(ATP)和磷酸肌酸(CP)实现的,ATP和CP组成了人体最快速的供能系统,即磷酸原供能系统。一场完整的标枪比赛中,前8名运动员一般进行6次投掷,比赛时间由于参赛人数的不同,同一运动员每一次投的间隔时间也不尽相同,研究发现,大强度运动后CP在人的混合肌纤维中,其合成的半时反应约为30~40秒,基本恢复时间为3~5分钟,这一时间基本保证运动员在每一次试投时都有充足的能量供应。在标枪投掷过程中,由于关节与周边组织的相连,骨骼可以产生一个或更多的运动方向,关节的运动范围很广,从肩胛带至手指包含17个自由度,而且肌肉使某一关节的骨骼运动范围越广,所具有的自由度也就越多,自由度越多则能量消耗越多,肌肉利用效率越低,如果自由度能得到控制,则进行某一运动会变得更加简单。人体的多环节性提供了在人体运动过程中控制自由度数的可能性,有些动作要求稳定、准确,需要减少运动环节链的自由度数目,Higgins称之为限制肌肉激活原则。人体中存在着大量关节肌群,说明了运动技能学习的必要性。多数运动员在投掷标枪时动作仅追求"快",没有充分拉伸各环节肌群,投掷臂出手过早,而事实是投掷臂应尽可能的"延缓","延缓"能力越好其运动成绩越好,投掷臂动作是一种运动员应植入脑内的动作。显然,运动员需要不断的技术训练来控制自由度,以防止随意地重复动作,降低多余能量的消耗,提高能量利用效率。

4.1.3.3 标枪项目的生物力学特征

从生物力学角度来说,人体动力的输出一部分来源是一系列关节肌肉力矩相互作用的结果,通过拉长-缩短周期所储存的弹性能量释放;另一部分来源是外部力量,即器械、人体四肢以及重力的惯性。标枪运动员应具有良好的速度、力量、灵敏、协调以及"枪感",对于标枪运动员来说,影响运动成绩最重要的因素是出手速度。教练员与运动员需明了出手速度每增加 1 米/秒,投掷成绩可增加 4~5 米,标枪出手速度可以达到 30 米/秒,充分发挥出手速度是投掷运动员取得成功的关键。为达到这一目标,单纯的某一部位肌肉发力难以取得良好效果,且反复依赖某一部位增加了运动损伤的概率,需要一系列的肌肉用力发挥作用。对于标枪以及投掷项目来说,保证成功的两个关键运动策略是由近端到远端的激活模式(proximal-to-distal firing pattern)以及身体各环节积极地加减速。

1) 各环节肌肉近端—远端激活模式

早期研究表明,近端—远端激活模式是运动表现的最有效的动作策略。这种模式下靠近机体强壮有力的关节肌群应比靠近远端的快速关节肌群更早被激活。由于该模式利用每个关节独特的动量冲量特征,对多数投掷运动来说近端—远端激活模式已证明是最有效的。基于该理论,相关研究表明,头顶投掷(overhead throwing)时,运动员力量主要来源于腿部伸展、髋关节扭转以及躯干屈曲。对于原地投掷来说,近端肌群占投掷力量的 50%,在标枪投掷过程中,由于助跑的存在,这一比例所占比重将会更大。要想创造最佳成绩,就需要所有相关肌肉群共同协作。Alexander 进行了模仿投掷动作实验,他提出近端至远端肌肉活动的运动链条延迟的必要性,只有近端肌群与远端肌群产生一个最佳的延迟才有可能创造最大化的器械出手速度。这就需要发展专项技术与能力,让运动员获得这种"延缓"能力以及对枪的感觉。Navarro 等将这一能力与"满弓"相关联,认为是产生"满弓"的必要条件,这一能力也被认为是最后加速的开始以及对拉长-缩短周期的应用。相关研究还包括标枪动能的70%是在最后出手前的50毫秒内产生的,有学者认为如此短的时间内不足以使工作肌群产生足够多的力量。然而肌肉可以在其最大等长收缩前产生更大的收缩力,因此,一系列的拉长-缩短周期(由近端肌群开始,结束于远端肌群)对标枪来说是一种有效的产生大力量的机理。Mero等认为,在远端肌群向心收缩前,预先加速近端肌群有助于远端肌群的离心收缩。其原因有二:第一,有助于远端肌群产生最大力量;第二,近端肌群收缩可以通过关节活动同远端肌群共同作用产生更大的动量。这种序列性动作使机体得以产生最大的力量并应用于器械。同时该理论也对运动员技术提出了要求,优异的成绩得益于运动员用精湛的技术将其力量发挥出来。

2) 身体各环节动作节奏

标枪投掷过程中另一个有效的动作特点是身体各主要环节连续地加减速。最后用力过程中,首先是下肢主动绕垂直轴转髋,此时由于上侧躯干巨大的惯性,肩关节会相对落后于髋关节,从而牵拉躯干向心肌群。随后这些向心肌群开始收缩,肩关节旋转,使投掷臂相对落后于肩关节,肩关节肌群开始牵拉。这一系列的动作序列最终使远端环节动作速度最大化。对于优秀运动员而言,这一特点更为明显。图4-12所示是运动员最后用力阶段身体不同环节速度变化,可以看出髋关节、肩关节、肘关节以及标枪达到最大速度的顺序是不同的,运动员在开始的周期性直线阶段以及非周期性阶段对"人—枪"系统进行加速,随即在最后用力阶段借助地面反作用力进行急剧减速,右脚着地后髋关节首先达到最大速度,随后左侧制动髋关节速度受到限制将部分动量传至上肢关节,髋关节后首先是肩关节达到最大速度随后依次为肘关节和标枪。

运动员一开始对整个"人—枪"系统进行加速并在助跑过程中获得一定的动量,在最后用力阶段首先对腿部近侧大肌群以及躯干下肢肌群进行减速,下肢的有效制动为远端肢体环节(躯干上体—肩关节—手臂—腕关节—标枪)速度提供动量。因此,标枪投掷中的一个关键性动作就是保持制动腿(一般为左腿)以及躯干的稳定性,只有这样才能使动量有效地从身体下肢传递至躯干以及投掷臂,这一动作原则的优势来源于"下肢—上肢—标枪"的动量转换。多数学者已证实动量转换在标枪投掷过程中的关键作用。Mero认为在标枪最后用

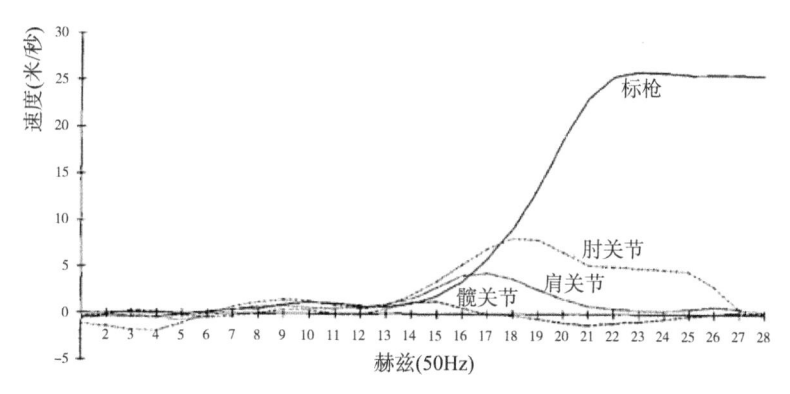

图 4-12　运动员最后用力阶段各环节速度变化

力阶段有一系列的拉长-缩短周期。最后一步右脚着地后膝关节会"被动"屈曲，这一动作主要依靠右腿股四头肌群承担，随后在身体重心通过身体垂直面后膝关节伸展，股四头肌及小腿肌群用力将身体继续向前并进一步加速。最后一步左腿制动同时股四头肌首先会产生离心收缩随后进行向心收缩，左腿制动动作还有助于肩关节轴由平行于投掷方向旋转至垂直于投掷方向，此外还包括核心部位肌群、肩关节与上臂以及前臂与手腕一系列离心随后向心收缩。

在提及上述两个动作模式的效益时，有必要指出每个协同模式的多数效益在实际中也会有共同的交集，因此要完成上述动作就要求运动员具备良好的协调能力，进一步强调了技术在标枪项目中的重要作用。

4.1.4　标枪运动员技术运动学评价与诊断范围及阶段确定

4.1.4.1　标枪运动员技术运动学评价与诊断范围确定

运动技术是指在项目规则的允许下合理有效地完成动作的方法，技术动作必须遵循人体运动规律，才能够充分发挥人体运动潜能。考虑到标枪的空气动力学属性，运动员所掌握的技术会在很大程度上影响最终的结果，对于标枪运动员来讲，单纯依靠某方面的力量很难将标枪在规则允许的范围内掷出很远的距离，且一定的助跑所带来的技术难度相比于原地投枪更高，因此许多国内外教练员认为标枪是一种技术类项目，标枪运动员完整的技术是由持枪助跑、转换、最后用力、缓冲组成。助跑又分为周期性助跑和运动员"引枪"后的非周期性助跑，运动员通过助跑获取适宜的助跑速度，产生一定的动能。转换阶段担负着助跑与最后用力的衔接，是身体姿势准备、速度保持的关键环节。最后用力则是将前面助跑、交叉步等一系列动作在短暂的时间内合理有序的、按照人体发展规律、充分发挥人体潜能的形式将标枪掷出，最后用力阶段运动员的身体姿势、由下至上的动量转换能力、身体各环节的协调能力都是运动员成功与否的关键，出手速度的70%来自最后用力，因此这一阶段也是多数研究人员的重点研究范围。

为了对女子标枪运动技术有整体的了解，对我国女子标枪运动员技术进行综合评价，本研究主要对运动员的最后三步技术动作进行研究分析。其中，倒数第三步是运动员周期性助跑与非周期性助跑的集中体现。对倒数第三步的分析能够掌握运动员前面的助跑信息，同时又能获取最后两步前运动员所呈现的技术动作。倒数第二步（冲量步）作为转换前的准备阶段，承担着助跑速度的保持、投掷姿势的形成、"满弓"建立等关键技术动作。最后一步从右脚着地至左脚着地，运动员需要将助跑阶段的动量从右脚单支撑快速过渡至左、右脚的双支撑，且在此过程中保持躯干与上肢的稳定性；左脚着地是最后用力阶段的开始，是运动员出手前的直接准备阶段，更是身体自下而上顺序发力的最终体现。因此，选取最后三步作为标枪技术运动学评价与诊断范围，可以从整体上反映运动员的技术表现。

4.1.4.2 评价与诊断阶段的划分

运动学信息获取过程中需要对某些特征画面进行截取，特征画面能够反映运动过程中具有关键作用的特征点。在标枪技术运动学研究过程中，研究人员常把最后用力阶段特征画面设定为右脚着地时刻、左脚着地时刻以及出手时刻。三个特征画面分别代表着不同的技术关键环节。近年来，国外学者在原有研究的基础之上对运动员最后三步的特征画面进行重新选取，将最后三步进一步细分，且能够良好反映出不同水平运动员的技术特征。本书在借鉴前人研究的基础上，结合标枪项目技术动作特征以及教练员实践经验对最后三步特征画面进行重新确定，将女子标枪运动员技术划分为3个技术阶段：助跑阶段、转换阶段以及最后用力阶段（图4-13）。

图 4-13 优秀女子标枪运动员技术的运动学评价与诊断范围

特征画面 A（以下简称时刻 A）是倒数第三步右脚离地瞬间，是助跑阶段的结束，是运动员助跑的最终体现。

特征画面 B（以下简称时刻 B）是倒数第二步（冲量步）左脚离地瞬间，倒数第二步左脚离地是交叉步动作的开始阶段，左脚着地后的主动加速能力决定着交叉步步幅的大小，决定着身体重心速度的保持能力，决定着运动员身体姿势的调整空间。

特征画面 C（以下简称时刻 C）是最后一步右脚着地瞬间，最后一步的动作中右脚着地是最后一步的开始，在此瞬间，运动员经过交叉步后身体姿势如何、重心速度的变化等都是影响运动技术动作的关键。

特征画面 D（以下简称时刻 D）是最后一步右脚着地后 0.1 秒的瞬间，研究右脚着地后运动员能否承受住巨大的负荷压力保持身体姿势以及在此压力下能否快速完成单支撑过渡，是选择这一特征时刻的主要原因。

特征画面 E（以下简称时刻 E）是最后一步左脚着地瞬间，是最后用力的开始，在最后一步运动员左脚着地这一时刻所处的身体姿势、身体速度、制动能力以及身体各环节发力状态是评价运动技术的重要指标。

特征画面 F(以下简称时刻 F)是最后一步左脚着地后 0.06 秒的瞬间,是对运动员制动能力的进一步检验,是对躯干发力效果、环节用力的检验。

特征画面 G(以下简称时刻 G)为出手瞬间,是最后用力的结束,运动技术的最终表现都集中于这一时刻,该时刻也是决定运动成绩的最直接因素。

女子标枪运动员技术的 3 个阶段中,助跑阶段包括特征画面 A—B,转换阶段涉及特征画面 C—D,最后用力阶段包含特征画面 E—G。

4.1.5 小结

运动成绩由真空条件下标枪距离、空气阻力条件下标枪距离以及损失距离所决定,运动员出手的速度、出手的方向以及出手位置的选择则决定了以上三个主要因素影响的大小。运动员出手速度、出手方向以及出手位置是由运动员在整个投掷过程中的技术表现所决定的。

运动员从握枪开始至周期性助跑,获取最佳的助跑速度,经过非周期性助跑,特别是冲量步,再到右脚着地快速过渡到左脚着地,在最后用力阶段从"满弓"到最后的"鞭打",一系列技术环节协作于最后出手,产生最终的出手速度以及出手方向。

本节从神经肌肉、能量代谢及生物力学等方面详细阐述了标枪项目的特征,短时间内快速出手对力量作用的效率提出了较高要求,进而决定了运动员需要具备良好的专项技术能力与专项素质能力。运动员的每一次试投都在 6~8 秒以内完成,这期间人体能量供应方式主要为 ATP 供能,投掷过程中,参与肌肉活动的自由度越多则能量消耗越多,肌肉利用效率越低,运动员需要通过不断的技术训练来控制过多的自由度,以防止随意地重复动作,降低多余能量的消耗,提高能量利用效率。

标枪出手速度可以达到 30 米/秒,充分发挥出手速度这一因素是投掷运动员取得成功的关键。单纯某一部位肌肉发力难以取得良好效果,且反复依赖某一部位增加了运动损伤的概率,因此就需要一系列的肌肉用力发挥作用,进而决定了运动员需要具备良好的技术来动员机体各环节协调发力。

在上述理论基础上将研究范围确定为运动员最后三步技术动作,并将最后三步划分助跑、转换、最后用力 3 个技术阶段,以及 3 个技术阶段下的 7 个特征时刻。

4.2 我国优秀女子标枪运动员技术的运动学指标体系构建

4.2.1 我国优秀女子标枪运动员技术的运动学指标筛选基本原则

指标的建立是运动技术诊断的基础。指标是指对客观现象或事物的度量与描述，是显示事物、现象的状态、条件以及其变化的信息。确定指标的目的在于使运动技术这一概念转变为具体化的可度量内容，使运动技术的某一特性或特征在数量上予以说明。由于影响标枪投掷技术的运动学指标较多，若仅以少数几个运动学指标来描述投掷技术则不具有综合性，需要将若干个有关联的指标相结合，构建指标体系用于对投掷技术进行多方面的诊断。指标体系的构建可以更加科学、全面地描述标枪运动员投掷技术的表现，还有利于指导科研人员及教练员对数据的收集和信息的获取，决定诊断方法以及评价模型的形式，是综合评价运动技术的关键，因此，构建科学有效的指标体系对运动技术诊断极为重要。一般而言，进行诊断评价时，首先要确立相关的指标体系，收集哪些指标、各指标间关系，以及项目具体的技术特征等。标枪投掷技术的指标内容较多，对每项指标都进行诊断评价将耗费巨大的人力物力，因此需要选择具有代表性、起主导作用及独立性较强的指标进行监测。

4.2.1.1 目的性原则

构建指标体系的目的是能够寻求具有代表性、较全面地反映技术表现的特征指标。标枪运动技术诊断指标的选择要根据运动技术诊断的目的，客观地反映运动员技术存在的问题，为教练员和运动员提供决策依据。

4.2.1.2 科学性原则

在构建标枪运动技术诊断指标体系过程中，要注意各指标间的相关性与层次性问题，分层、分类构建指标体系。运动技术指标的选择应建立在科学的理论及实践基础之上。运动技术指标的选择和结构应科学、合理、有效，能够客观、真实地反映运动员技术的特征，逻辑结构严密。在运动技术诊断指标体系设计时，要以完整正确的科学理论为依据，对各指标概念进行明确，确定各个指标的权重,进行科学选择并计算数据。构建指标体系要基于科学分析,准确反映项目的特征。

4.2.1.3 可操作性原则

可操作性主要是指诊断指标是否具有可观测性和所需观测成本的问题。首先,对于运动诊断中的每个指标,无论是定量或定性指标,都必须具有可观测性和衡量性,也就是说所选择的指标数据信息应是能够被采集到的、可予以赋值的,否则该指标不具有任何实际意义。其次,诊断指标数据应尽可能避免或最大程度降低数据的失真风险,指标数据应具有公开性和可获取性。最后,对于能够以量化数据衡量的指标可用数学公式进行评价,对于难以直接量化的一些定性指标应制定相应评价标准进行二次量化,剔除成本过大、难以获取的指标。所选取的指标概念应具体明确,具有标准性,便于统计数据,便于教练员及相关人员操作。

4.2.1.4 代表性原则

构建标枪运动员技术诊断指标体系,要选择能代表标枪项目特征的最主要的变量,各指标可以从不同角度反映标枪技术的特征。指标的确定并非越复杂越好,要有所取舍,既能保证抓住主要因素,又能够具有普遍的代表性,亦要避免非相关因素干扰。

4.2.1.5 客观性原则

技术诊断的指标选取以及诊断评价的标准应做到实事求是,保证指标体系概念与结构的正确性,各指标切实反映项目本质。此外,要注意指标体系结构的整体性,避免偏重某一方面,更不能为使优秀运动员评价的结果更突出,而设置相应的、对其更有利的指标,抑或降低评价标准。指标体系的建立应体现客观、全面、公平、公正的要求。

4.2.1.6 完整性与简捷性原则

完整性原则要求所构建的指标体系要根据运动技术诊断的要求,全面地反映运动员技术方面存在的情况。简捷性原则是在完整性原则的前提下做到指标的简化，避免烦琐的指标，提炼关键指标，降低工作量，提高工作效率。

对上述指标筛选原则要做到综合考虑，不同对待。既要综合考虑各项指标筛选原则，又要考虑各项原则的特殊性，做到具体问题具体分析。标枪运动技术诊断指标体系是指标筛选以及各指标间结构的组织关系，各指标的复杂性与多样性决定了标枪运动技术指标体系将是由多阶段指标体系组成的。

4.2.2 我国优秀女子标枪运动员技术的运动学指标体系结构框架

构建指标体系的过程是指标的选取与各指标间结构关系的组织过程。标枪技术动作的复杂性，决定了标枪技术运动学评价指标体系是一个多层次、多目标的递阶结构形式的指标体系。标枪技术作为影响运动成绩的主要内容之一，在进行技术运动学指标确定时，首先要从影响运动成绩的因素出发。作为抛体运动的项目之一，标枪运动成绩由真空条件下距离、空气阻力条件下距离以及损失距离所构成，国内外许多学者都对决定标枪运动成绩的直接因素（出手速度、出手角度、出手高度）进行过较全面的研究；作为运动项目而言，这些决定运动成绩的因素是运动员通过一系列的技术动作充分发挥人体潜能过程中所获得的，即通过运动员的助跑、转换以及最后用力阶段获得的，三个阶段是对标枪运动员投掷过程的概括。本研究在前人研究理论基础之上构建如图4-14所示的技术运动学指标体系框架，该指标体系框架是根据标枪技术运动学研究内容组织指标的，框架结构层次明显，便于按照评价目的对各形式的指标进行组织调整。

4.2.3 我国优秀女子标枪运动员技术的运动学指标筛选

构建标枪技术运动学指标体系的过程，是一个由具体到抽象再到具体的理论思维过程，是评价人员对标枪技术特征理解更加深入、透彻的过程。要建立标枪技术运动学指标体系，必须对标枪技术的基本理论有深刻的认识，同时需要掌握标枪技术的运动学理论、国内外关于标枪项目技术运动学指标的研究进展、清楚各具体指标的具体概念，只有在综合掌握各学科理论基础之上，所建立的技术指标体系才能更具科学性，才能更好地应用于训练实践。

一般选取指标的方法可以分为定性筛选和定量筛选两种。定性指标选取是决策者和主导者通过定性方法主观决定所需要的运动学指标，定量指标选取

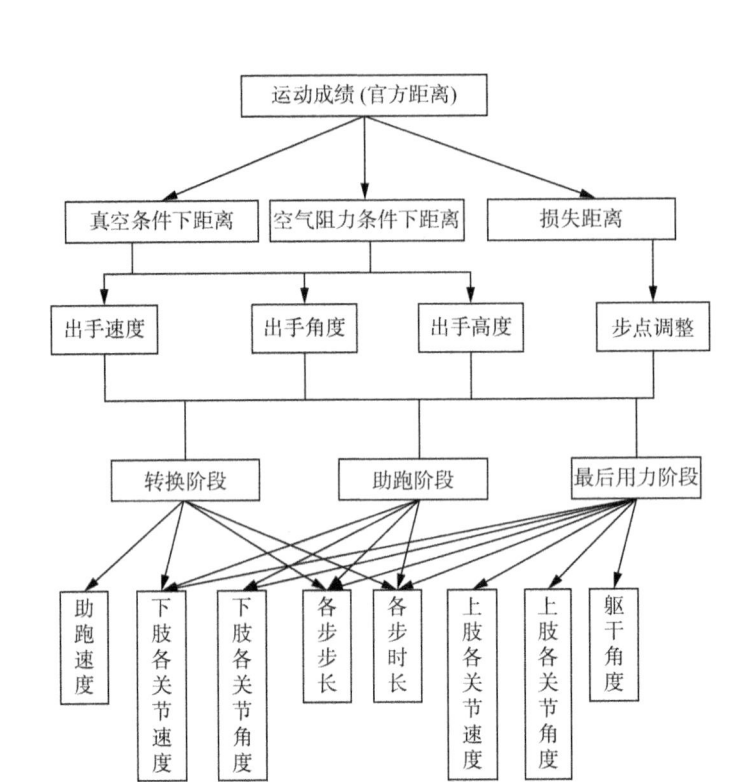

图 4-14　技术运动学指标框架

则主要借助统计学方法选取具有代表性的相关技术指标。可先采取定性方法主观确定应选取的指标,在此基础上采用定量方法进行再次筛选确定最终指标。指标定性筛选方法有多元统计方法、运筹学方法、德尔菲法等。指标定量筛选主要是依据评价指标对应的评价数据与评价价值,采用因子分析法、主成分分析法、相关性分析法等统计学方法,以及信息熵、粗糙集、神经网络等其他相关定量分析方法,对定性阶段构建的指标体系进行定量筛选,减少或消除评价指标体系的相关性、增强评价指标系统的独立性,并删除显著性较低的评价指标,确保能用精简的关键指标反映评价对象系统的主要特征。相关检验阶段是指采用相应的数学模型对定量筛选阶段后的评价指标体系进行合理性与可靠性等相关检验。

　　本研究基于标枪相关理论基础,对 3 个技术阶段下的运动学指标进行初拟,然后借助相关领域专家进行定性指标的筛选,定性指标的筛选以德尔菲问卷调查为主。在定性指标筛选之后,为降低指标间的相关性,提高指标的有效性,使精简后的指标更能反映标枪技术的总体特征,选取了因子分析法进行指标的定量筛选,最终确定标枪技术的运动学指标体系(图4-15)。

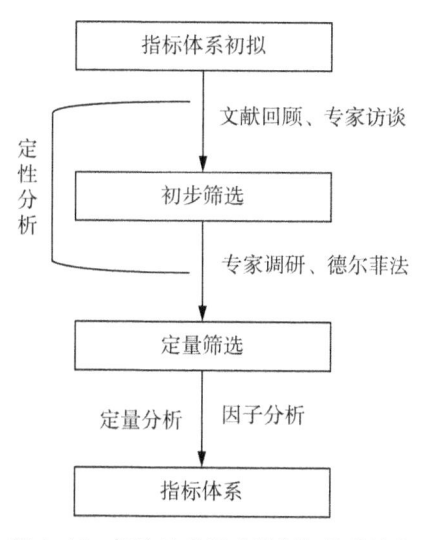

图4-15 标枪技术运动学指标筛选流程

4.2.3.1 我国优秀女子标枪运动员技术运动学指标体系初拟

研究人员在开始阶段采用系统分析方法建立指标体系框架,这是对标枪认识逐渐深化的过程,是由粗到细、由细到精的思维过程。指标体系设计过程要按照标枪项目的本质特征进行,首先在评价诊断目的基础之上,借助专家咨询、观察、已有文献研究等相关定性理论方法,按照一定的标准对现有指标群进行聚类,使之体系化。对于标枪项目而言,需要借用前人的知识理论体系、以往的研究资料、标枪理论、生物力学等内容,将其归类整理,将不同观点进行综合,对先有运动学指标进一步完善和充实,从多角度出发选取评价指标,尽可能选择一套能反映目标系统所有性能特征的综合性指标全集。指标初选阶段要具有目的性和完备性。目的性是指标体系的建立要贴合技术运动学评价的最终目的,即要服务于训练实践,改善运动员技术动作,提升技术训练效果。完备性是所构建的指标体系要完整描述出对象系统的全部特征,这需要执行人员对标枪技术训练进行长期地跟踪观察,了解训练实践,并借助前人知识与经验对初选指标进行综合分析研究,去粗取精,深度剖析并挖掘标枪项目的技术特征,构建标枪运动技术诊断的综合指标体系,并在此过程中反复评价指标体系进行修正。定性分析的优势在于可以利用教练员的实践经验,不受量化数据的限制,在一定程度上避免了因统计数据不足而导致的对指标筛选出现的错误。在影响标枪投掷技术的因素中,一些是较明显的,如重心速度等;另一些是间接的因素,如关节速度、时间因素等,这些指标首先采取定性分析方法进行筛选。

针对上述指标构建原则与理论基础,研究共确定了3个一级指标(助跑阶段、转换阶段、最后用力阶段)和其下辖的120项具体指标,建立了我国优秀女子标枪运动员的初选技术运动学指标体系。

4.2.3.2 我国优秀女子标枪运动员技术运动学指标初步筛选

对于所得到的全部指标,会存在指标相近、重叠的现象,甚至存在着一些对标枪技术评价作用无明显意义的指标,因此需要对初步构建的指标体系进行筛选。本研究采取定性与定量相结合的方法,首先采取定性方法对初步构建的指标体系进行初选,采用德尔菲问卷调查对指标进行初步剔除。德尔菲法是一种匿名专家评分或咨询法,又称专家调查法。研究人员首先拟定问卷,并依据特定程序向标枪领域专家发放,利用该领域专家所具有的知识经验对指标进行初步筛选。

1) 德尔菲专家基本情况

德尔菲法的一大特点就是匿名性,它主要是收集专家的意见进行分析,所以在对专家的选择上要格外注意,因为专家的质量会直接影响到该咨询结果的准确性。本书选取的专家为多年从事标枪训练且带出过优秀运动员的教练或多年从事标枪技术研究的科研人员,具有充分的权威性。

根据德尔菲专家调查使用方法与原则,在指标选取中共进行了两轮专家咨询,专家的基本情况如表4-1所示。

表 4-1 德尔菲专家咨询基本情况

项目		第一轮($n=12$)		第二轮($n=12$)	
		人数(人)	百分比(%)	人数(人)	百分比(%)
性别	男	7	58	7	58
	女	5	42	5	42
年龄	41~50 岁	3	25	3	25
	51~60 岁	7	58	7	58
	61~72 岁	2	17	2	17
职称	教授	3	25	3	25
	高级教练	4	33	4	33
	国际田联一级讲师	3	25	3	25
	中级教练	2	17	2	17
学历	本科	3	25	3	25
	硕士	5	42	5	42
	博士	4	33	4	33

专家进行的自我评价是把专家对于相关内容的熟悉程度分为五个等级,分别赋值为很"很熟悉 0.9"、"熟悉 0.7"、"一般 0.5"、"不太熟悉 0.3"和"不熟悉 0.1"。专家对于相关内容熟悉程度的判断分类为"工作经验"、"理论分析"、"国内外同行的了解"及"直观感觉"四类,分别计 0.8、0.6、0.4、0.2 分。按照这四个方面对每个专家的影响程度来判定给予每个专家的分值。专家根据自己的学识以及多年的实践经验来判定这个指标的重要性。指标主要分为五个等级,分别为"非常重要"、"比较重要"、"一般重要"、"不太重要"和"无用",五个等级分别对应 5 分、4 分、3 分、2 分、1 分。专家在打分的过程中必须严格执行此标准。数据的处理运用 Excel 和 SPSS 24 统计软件来进行。

2) 专家评分结果分析

① 专家的积极性

调查问卷的回收最能表明专家的积极性。问卷的回收率越高说明专家的积极性越高,相反则说明专家的积极性不够,通常 70% 是一个界限,如果超过这个界限,说明专家的积极性非常高。在本研究所涉及的问卷调查中,两轮问卷都实现了完美的回收,有效率均为 100%。根据这个调查结果我们可以了解到专家们十分重视这次调查研究,踊跃参与,具体数据见表 4-2。

表 4-2　专家积极性

调查轮次	问卷数	问卷回收统计		问卷有效性	
		问卷回收数（份）	回收率（%）	有效问卷数（份）	有效回收率（%）
第一轮	12	12	100	12	100
第二轮	12	12	100	12	100

② 专家的权威程度

专家的权威系数可以反映相应的权威程度，测算的系数与其程度成正比，即权威系数低，说明该专家的权威程度较低，相反则说明该专家的权威程度比较高，在其专业领域所做出的决定具有较高的可信度，通常来讲，权威系数 0.70 是一个重要的参考数据，大于或等于这个数据的专家具有可靠的权威。在本次调查研究中，第一轮咨询的专家权威系数为 0.775，第二轮咨询的专家权威系数则达到了 0.8，根据 0.70 这个参考数据我们可以判断本次专家预测极具权威性，因此其预测的可信度也比较高，具体数据见表 4-3。

表 4-3　专家权威程度

调查轮次	判断系数	熟悉程度	权威系数
第一轮	0.733	0.817	0.775
第二轮	0.750	0.850	0.800

③ 专家集中程度与协调程度

专家意见的集中程度用各指标重要性评价的均值与满分频率来表示。指标的评分均值越大，满分频率越高说明该指标的重要性越大。专家评价意见的协调程度采用变异系数来表示。变异系数是指该指标的标准差用指标得分均值的比值来表示，变异系数说明专家对该指标的重要性波动程度或是协调程度，变异系数越小，专家的协调程度越高。各指标的集中程度与变异系数如表 4-4 所示。

表 4-4　专家集中程度与协调程度

调查轮次	满分频率	均值	标准差	变异系数
第一轮	0.375	4.225	0.68	0.162
第二轮	0.428	4.385	0.548	0.126

通过两轮专家评定,满分频率与指标得分均值都在增加,表明专家对于指标的意见区域接近,具有较高的认可度。对于变异系数,多数学者以 0.25 作为参考界值,若变异系数高于 0.25 说明专家对于指标的意见有较大分歧,如低于 0.25 则说明专家对于指标意见有较高的一致性。从两轮的调查研究可以看到,变异系数都没有超过 0.25,且第二轮变异系数要低于第一轮的变异系数,这说明了第一轮中专家对于指标的意见不如第二轮专家统一,第二轮专家协调程度要明显优于第一轮。

④ 两轮德尔菲专家评价要素修改情况

经过初选指标筛选(两轮指标得分详见附表 C),从最初的 120 项指标中,共筛选出 74 项初选指标。其中,助跑阶段为 23 项,转换阶段为 25 项,最后用力阶段为 26 项。初选指标具体如下:

助跑阶段:倒数第三步步长、倒数第三步时长、重心移动距离 A—B、右踝关节速度 A、右髋关节速度 A、右膝关节速度 A、重心速度 A、左髋关节速度 A、左膝关节速度 A、左踝关节速度 A、冲量步步长、冲量步时长、重心移动距离 B—C、右踝关节速度 B、右髋关节速度 B、右膝关节速度 B、重心速度 B、左髋关节速度 B、左膝关节速度 B、左踝关节速度 B、右肩关节速度 B、右肘关节速度 B、右肘关节角 B。

转换阶段:最后一步步长、最后一步时长、加速距离 1、躯干倾角时刻 C、重心移动距离 C—D、右肩关节速度 C、右踝关节速度 C、右髋关节速度 C、右膝关节速度 C、右肘关节速度 C、重心速度 C、左踝关节速度 C、右肘关节角 C、右膝关节角 C、左膝关节速度 C、右肩关节速度 D、右踝关节速度 D、右髋关节速度 D、右膝关节速度 D、右肘关节速度 D、重心速度 D、左踝关节速度 D、右肘角度变化 D、右膝关节角 D、左膝关节速度 D。

最后用力阶段:左脚着地至出手时长 E—G、重心移动距离 E—F、重心移动距离 F—G、左腿着地角度 E、右肩关节速度 E、右髋关节速度 E、右肘关节速度变化 E、重心速度 E、左肩关节速度 E、左肘关节速度 E、"肩—髋"轴夹角 E、左膝关节角 E、右肩关节速度 F、右髋关节速度 F、右肘速度变化 F、重心速度 F、左肩关节速度 F、左肘关节速度 F、"肩—髋"轴夹角 F、左膝关节角 F、右肩关节速度 G、右肘关节速度 G、重心速度 G、"肩—髋"轴夹角 G、右肘关节角 G、左膝关节角 G。

4.2.3.3 我国优秀女子标枪运动员技术运动学指标优选

在技术运动学指标初步构建阶段,经专家筛选后的技术运动学指标还存在信息多余重复、指标间相关性较高等问题,需要采取定量方法进行指标的进一步筛选,对经过初步构建阶段与专家初步筛选阶段的指标进行统计学量化处理,将具有相关性的技术运动学指标进行弱化或消除,使指标更具显著性。在这一阶段,指标筛选要具备显著性和独立性,显著性是指所筛选出的运动学指标要能够显著反映标枪运动技术的特征,即对所评价的结果有较强的贡献度;独立性是指各阶段指标间要减少重叠与交叉,使各指标间的独立性增强。本研究采用因子分析方法对指标进行定量筛选,以达到精选指标的目的,使评价体系更加简洁、更易操作。因子分析法的基本思想是采取少数几个因子来描述多个因素之间的关系,依据各因素相关性大小进行分组,使同一组中变量相关性较高,不同组间变量相关性较低。不仅许多实际问题涉及很多变量,这些变量之间也可能存在密切关系,最好能从多个变量中提取少数几个具有综合代表性的变量,而这些具有代表性的变量间彼此相关性较小。因子分析法便是为解决这一问题而提出的统计分析方法。

在实际的科学研究中,为了更好地、全面地、完整地把握和认识问题,我们往往会对问题的多个变量进行大量观测,尽可能多地收集关于分析对象的资料,多数情况下,这些变量往往存在大量相关性,增加了数据处理的复杂程度。为了能更充分有效地利用数据,通常希望用较少的指标来代替原来较多的变量,同时又要求这些指标尽可能多地反映原始变量的信息,且这些指标之间又互不相关。在 SPSS 中,主成分分析和因子分析就是解决这类问题的方法之一。因子分析的原理来源于各项指标之间可能存在相关性,也可能具有某种相同或相似的特点,因此可以利用这种相关性将各项指标分为不同的类别。因子分析就是用几个较少数相互独立的因子来描述多个指标之间的关系,将相关的指标归为一类,每一类指标成为一个因子。它实际上是一种"降维"的分析技术,即在原始指标的信息丢失最少的情况下,试图用最少个数的不可测因子对多个指标进行分类处理。通过用较少的因子来反映较多的指标信息,可以使指标更加清晰、更易理解,也更具有实用价值。因子分析的特点为因子的数量比原有指标的数量少;因子变量能够反映某一组指标中的大量信息;因子变量之间不存在线性相关关系;可以对因子进行命名解释,以便在实践中得到更好的应用。

1) 因子分析适应性检验

由于因子分析方法是从较多的指标中提取少数几个能代表这些指标的因子,这就要求原始的指标在某些方面具有较强的相关性,才可以进行因子分析。判断一组指标是否适合因子分析,主要的方法是对数据进行抽样充分性检验(KMO)和 Bartlett 球形检验。

KMO 统计值取在 0~1 之间。KMO 的值越大,表示简单相关系数相对越大;而偏相关系数相对越小,KMO 就会越接近于 1。KMO 统计量,用于检验变量间的相关性是否足够小,是简单相关量与偏相关量的一个相对指数。Kaiser 认为,$KMO>0.9$ 时,做因子分析效果最理想;$KMO<0.5$ 时,不易做因子分析。Bartlett 球形检验统计量服从 X^2 分布,如果检验不拒绝原假设的话($p>0.05$),用因子分析应慎重。

本研究对助跑阶段、转换阶段以及最后用力阶段三组指标分别进行因子适应性检验,表 4-5 为三组指标的 KMO 以及 Bartlett 球形检验结果。从表中可以看出,3 个技术阶段的 KMO 值都在 0.6 以上,大于最低标准 0.5;Bartlett 球形检验 $p<0.001$。从以上结果可知,3 个技术指标都适合做因子分析。

表 4-5 各技术阶段因子分析适应性检验

	抽样充分性检验(KMO)	Bartlett 球形检验	
		近似卡方值	p 值
助跑阶段	0.751	136.320	0.000
转换阶段	0.673	177.269	0.000
最后用力阶段	0.742	199.843	0.000

2) 因子提取

本研究采用了探索性因子分析中最常用的方法——主成分分析法。主成分分析法的基本原理是借助于一个正交变换,将其分量相关的原随机向量转化成其分量不相关的新随机向量,然后对多维的指标进行"降维"处理,使之能够在尽可能保留原指标信息的基础上,转换成低维变量,从而更利于统计分析。

在用主成分分析法进行因子分析时,最多可以得到与指标个数一样多的因子;在对因子进行取舍时,最常用的办法是经验法则。经验法则是将特征值看作表示公因子影响力度大小的指标,用它作为提取主成分因子的依据,取特征值大于的成分作为主成分,对主成分的因子进行提取。

① 助跑阶段因子提取

表 4-6 显示了助跑阶段进行因子提取的结果,从表中初始特征值可以看出,有 2 个特征根大于 1,分别是 3.773、1.197,它们一起解释了助跑阶段信息的 82.831%。也就是说,前 2 个因子集中体现了原始数据大部分的信息。因此,提取 2 个公因子是合适的,它们能够比较全面地反映情况。同时可以参考碎石图来验证。

表 4-6 助跑阶段总方差解释

成分	初始特征值			提取载荷平方和			旋转载荷平方和		
	总计	方差百分比	累计(%)	总计	方差百分比	累计(%)	总计	方差百分比	累计(%)
1	3.773	62.881	62.881	3.773	62.881	62.881	2.589	43.146	43.146
2	1.197	19.950	82.831	1.197	19.950	82.831	2.381	39.685	82.831

碎石图用于显示各因子的重要程度,其横轴为因子序号,纵轴表示特征根大小。图 4-16 中曲线先迅速下降,然后变得平缓,从第 3 个因子开始特征根值

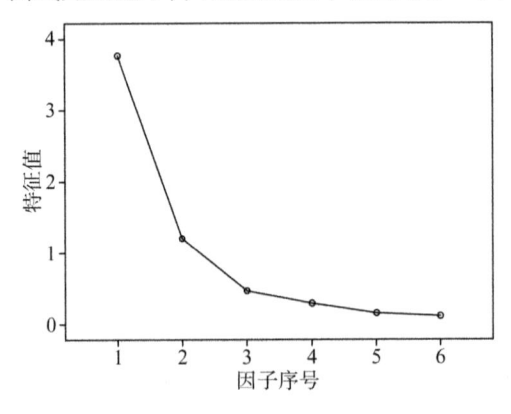

图 4-16 助跑阶段碎石图

小于1,解释原有的变量贡献小,故提取2个公因子,以涵盖助跑阶段的主要信息(表4-7)。

表4-7 助跑阶段因子命名

公因子	因子命名	高载荷指标(>0.7)	贡献率百分比(%)
1	助跑速度因子	重心速度A 重心速度B	43.150
2	助跑节奏因子	倒数第三步步长 冲量步步长	39.685

经旋转后的2个公因子的高载荷(>0.7)指标包含着速度指标与步长指标,其中公因子1为助跑速度因子,包含重心速度A与重心速度B这2个高载荷指标,公因子1的累计贡献率为43.150%。公因子2为助跑节奏因子,包含倒数第三步步长和冲量步步长2个高载荷指标,累计贡献率为39.685%。因此,助跑阶段共提取2个公因子,包含4个运动学指标。

② 转换阶段因子提取

表4-8所示为转换阶段的变量相关系数矩阵,可以看出,变量相关系数矩阵共有3个特征根大于1,分别为3.893、1.384、1.224。3个成分一起解释了转换阶段信息的81.268%,即3个因子可以体现出原始信息的多数信息,因此转换阶段我们提取3个公因子较为合适。

表4-8 转换阶段总方差解释

成分	初始特征值			提取载荷平方和			旋转载荷平方和		
	总计	方差百分比	累计(%)	总计	方差百分比	累计(%)	总计	方差百分比	累计(%)
1	3.893	48.667	48.667	3.893	48.667	48.667	3.196	39.955	39.955
2	1.384	17.298	65.966	1.384	17.298	65.966	1.992	24.904	64.860
3	1.224	15.302	81.268	1.224	15.302	81.268	1.313	16.408	81.268

转换阶段碎石图曲线(图4-17)在前2个因子下降速度最快,然后变得平缓,从第4个因子开始,特征根值小于1,解释原有的变量贡献小,即提取3个公因子为助跑阶段的主要信息。

以高于0.7的指标作为高载荷指标,3个主成分经4次方差最大正交旋转后,指标间关系变得更加明确,根据因子正交旋转矩阵,将指标分成3个公因子

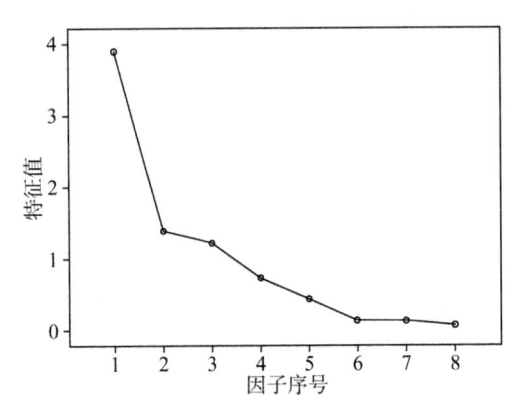

图 4-17 转换阶段碎石图

并命名(表 4-9)。

表 4-9 转换阶段因子旋转成分矩阵

	成分 1	成分 2	成分 3
右髋关节速度 C	0.816		
重心速度 C	0.844		
右髋关节速度 D	0.858		
重心速度 D	0.949		
右膝关节角 D			0.815
右脚着地时刻躯干倾角			0.760
最后一步步长		0.944	
重心移动距离 C—D		0.888	

提取方法:主成分分析法;旋转方法:凯撒正态化最大方差法。旋转在 4 次迭代后已收敛。

表 4-10 所示为转换阶段 3 个主成分下共包含 8 个高载荷技术运动学指标,其中转换阶段速度因子包含右髋关节速度 C、重心速度 C、右髋关节速度 D 和重心速度 D,4 个指标累计贡献率为 39.555%;转换阶段速度节奏因子包含最后一步步长与重心移动距离 C—D,2 个指标的累计贡献率为 24.904%;转换阶段身体姿态因子包含右膝关节角 D 与右脚着地时刻躯干倾角,2 个指标的累计贡献率为 16.408%。

表 4-10 转换阶段因子命名

公因子	因子命名	高载荷指标(>0.7)	贡献率百分比(%)
1	转换阶段速度因子	右髋关节速度 C 重心速度 C 右髋关节速度 D 重心速度 D	39.555
2	转换阶段速度节奏因子	最后一步步长 重心移动距离 C—D	24.904
3	转换阶段身体姿态因子	右膝关节角 D 右脚着地时刻躯干倾角	16.408

③ 最后用力阶段因子提取

表 4-11 所示为最后用力阶段中,特征根大于 1 的因子共 3 个,分别是 4.401、1.833、1.566,它们一起解释了最后用力阶段信息的 77.995%。提取 3 个公因子能够比较全面地反映情况。

表 4-11 最后用力阶段总方差解释

成分	初始特征值			提取载荷平方和			旋转载荷平方和		
	总计	方差百分比	累计(%)	总计	方差百分比	累计(%)	总计	方差百分比	累计(%)
1	4.401	44.009	44.009	4.401	44.009	44.009	4.244	42.441	42.441
2	1.833	18.327	62.336	1.833	18.327	62.336	1.836	18.356	60.797
3	1.566	15.659	77.995	1.566	15.659	77.995	1.720	17.198	77.995

从第 4 个因子开始,特征根值小于 1,解释原有的变量贡献小,即提取 3 个公因子,能够涵盖最后用力阶段的主要信息(图 4-18)。

所提取的 3 个主成分经 4 次方差最大正交旋转(表 4-12),3 个主成分所包含的高载荷指标间关系更加明确,根据因子正交旋转矩阵,将指标分成 3 个公因子并命名(表 4-13)。

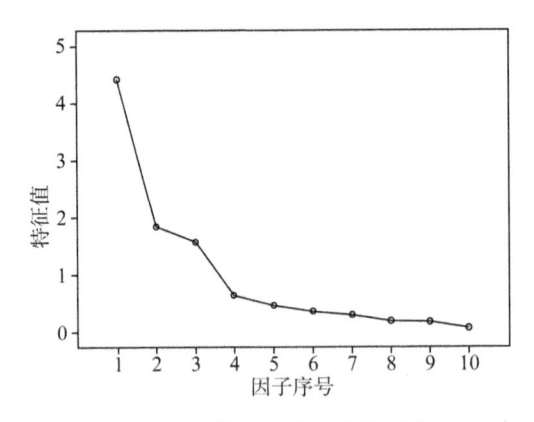

图 4-18 最后用力阶段碎石图

表 4-12 最后用力阶段因子旋转后成分矩阵

	成分1	成分2	成分3
右肩关节速度 E	0.761		
重心速度 E	0.947		
右肩关节速度 F	0.809		
重心速度 F	0.778		
右肩关节速度 G	0.859		
重心速度 G	0.845		
"肩—髋"轴夹角 F		0.931	
"肩—髋"轴夹角 E		0.894	
左膝关节角 E			0.904
左膝关节角 F			0.877

提取方法：主成分分析法；旋转方法：凯撒正态化最大方差法。旋转在 4 次迭代后已收敛。

表 4-13 最后用力阶段因子命名

公因子	因子命名	高载荷指标(>0.7)	贡献率百分比(%)
1	最后用力阶段速度决定因子	右肩关节速度 E	42.441
		重心速度 E	
		右肩关节速度 F	
		重心速度 F	
		右肩关节速度 G	
		重心速度 G	

续表

公因子	因子命名	高载荷指标(＞0.7)	贡献率百分比(%)
2	最后用力阶段躯干扭转因子	"肩—髋"轴夹角 F	18.356
		"肩—髋"轴夹角 E	
3	最后用力阶段制动因子	左膝关节角 E	17.198
		左膝关节角 F	

根据公因子1所包含的6个高载荷指标,可将公因子1命名为最后用力阶段速度决定因子,6个高载荷指标的贡献率为42.441%。以此类推,将公因子2命名为最后用力阶段躯干扭转因子,所含的2个高载荷指标贡献率为18.356%。公因子3中包含左膝关节角 F 与左膝关节角 E 2个高载荷指标,将其命名为最后用力阶段制动因子,2个指标的贡献率为17.198%。

4.2.3.4 技术运动学指标权重确定

组成标枪技术的各个运动学指标对于标枪技术的影响是不同的,因此在借助各指标反映技术的不同环节时,对各指标所起到的作用会有所区分。在进行技术的定量分析时,各组成要素的效应会以更加准确的形式反映出来,一般来说,这种效应需要通过权重的形式加以体现。权重是根据组成标枪技术的各个运动学指标在标枪技术整体中所起到的作用与地位不同,对各指标进行赋权。由于标枪技术的运动学指标体系中各指标的重要性有明显区分,为了在技术评价时对各指标重要程度加以区分,需要确定各指标的权重大小。权重应满足两个条件:(1) 权重 W_i 在 0~1 之间取值,即 $0 < W_i < 1$;(2) 各指标权重之和为 1,即 $\sum W_i = 1$。

指标权重确定主要有主观赋权法和客观赋权法。主观赋权是依据标枪项目的专家所具有的实践与经验,对指标对象进行赋权。主观赋权法较为成熟,能够吸收标枪领域专家的知识与经验,充分体现各个运动学指标的重要程度,从而避免各运动学指标权重出现与其本身重要程度不相符合的情况。虽然主观赋权可以发挥该领域专家的经验,但其也具有一定的随意性,这在一定程度会影响标枪技术评价结果的有效性。客观赋权法是对所具有的标枪技术资料进行整理,通过大量的数据分析确定指标权重,客观赋权法具有定权客观、不受人为因素影响等优点,其客观性强且精度较高,但有时会与实际情况相悖,所得各指标的权数不能体现各指标自身价值的重要性,对所得结果也难以给出明确的解释。各指标的权数随样本的变化而变化,权数依赖于样本,而且在实际应用中较难获取足够的实际数据。因此,为弥补主客观赋权方法的不足,对指标权重的获取采取主客观相结合的方法,以得到更为可取的权重结果。

1) 一级指标权重的确定

本研究主要采用问卷调查法对标枪技术一级指标的权重予以确定,具体步骤如下。

步骤1:向10名有关专家发放问卷调查表,请其结合标枪技术特点,采用五级评分法对3个一级指标的重要性程度进行赋值。

步骤2:求出各专家对3个一级指标的权重系数W_i。

$$W_{ij} = \frac{P_{ij}}{\sum m P_{kj}}$$

式中,P_{ij}是专家j对一级指标i的赋值;P_{kj}为专家j对一级指标k的赋值;m为一级指标的个数。本研究中一级指标个数为3:

$$W_i = \frac{1}{10} \sum_{k=1}^{3} W_{ij}$$

本研究所得3个一级指标的权重如下:

一级指标权重表明越接近出手阶段,运动员的技术水平越重要,最后用力阶段毫无疑问是影响运动员技术表现的最重要阶段,转换阶段次之,助跑阶段权重值最小(图4-19)。这里有必要指出,三个阶段权重值的大小,并不代表教练员和运动员在训练中不重视助跑和转换阶段,运动成绩与三个阶段彼此关联,掷标枪从助跑到出手整个投掷过程是一个系统,划分阶段的目的在于对运动技术更好地评价诊断,提高训练针对性。各阶段彼此相连,助跑为后续投掷动作提供初步动量,助跑阶段良好的速度节奏和姿势是成功完成后续动作的前提。助跑阶段对技术要求相对较低,但需在保持正确的身体姿势下采取最佳的速度节奏,而最佳助跑节奏是为后续投掷动作服务的;运动员在转换阶段与最后用力阶段的能力决定了助跑阶段应采取怎样的速度节奏,速度过快会破坏后续阶段的技术动作,易导致动作仓促、上肢发力早、下肢动作无法充分利用、躯干肌群无法参与最后用力等问题。而转换阶段作为两个技术阶段的桥梁，承担着动量的保持与投掷动作姿势的建立，最后用力阶段则是前两个技术阶段成果的集中体现，因此技术训练应将这 3 个技术阶段视为一个整体，协调发展。

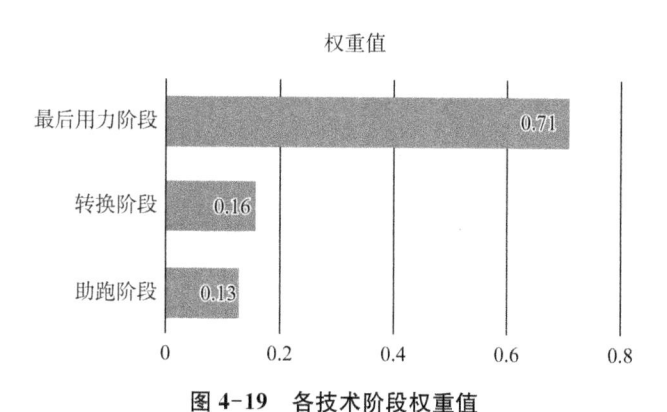

图 4-19　各技术阶段权重值

2）具体指标权重确定

具体指标权重的确定根据各技术阶段下各主成分贡献率与该阶段总贡献率得出，具体计算方式如下：

$$A_i = \frac{\text{主成分} i \text{的贡献率}}{\text{总贡献率}}$$

表 4-14　运动学指标权重表

技术阶段	主成分	主成分命名	所含指标	权重 W_i
助跑阶段	1	助跑速度因子	重心速度 A 重心速度 B	0.52
	2	助跑节奏因子	倒数第三步步长 冲量步步长	0.48
转换阶段	1	转换阶段速度因子	右髋关节速度 C 重心速度 C 右髋关节速度 D 重心速度 D	0.49
	2	转换阶段速度节奏因子	最后一步步长 重心移动距离 C—D	0.31
	3	转换阶段身体姿态因子	右膝关节角 D 右脚着地时刻躯干倾角	0.20

续表

技术阶段	主成分	主成分命名	所含指标	权重 W_i
最后用力阶段	1	最后用力阶段速度决定因子	右肩关节速度 E 重心速度 E 右肩关节速度 F 重心速度 F 右肩关节速度 G 重心速度 G	0.54
	2	最后用力阶段躯干扭转因子	"肩—髋"轴夹角 F "肩—髋"轴夹角 E	0.24
	3	最后用力阶段制动因子	左膝关节角 E 左膝关节角 F	0.22

4.2.4 我国优秀女子标枪运动员技术的运动学特征

经过两轮指标筛选,最终确定了助跑阶段、转换阶段以及最后用力阶段共 22 个技术运动学相关指标,这些指标具体为:重心速度 A、重心速度 B、倒数第三步步长、冲量步步长、右髋关节速度 C、重心速度 C、右髋关节速度 D、重心速度 D、最后一步步长、重心移动距离 C—D、右膝关节角 D、右脚着地时刻躯干倾角、右肩关节速度 E、重心速度 E、右肩关节速度 F、重心速度 F、右肩关节速度 G、重心速度 G、"肩—髋"轴夹角 F、"肩—髋"轴夹角 E、左膝关节角 E、左膝关节角 F。

结合标枪项目投掷技术原理,标枪是在快速运动过程中,在最短的时间内最大化投掷动作,协调完成一系列动作的投掷项目。这里有两个需要注意的要点:第一,快速运动,掷标枪助跑较长,要求运动员具备较高的助跑速度及交叉步加速能力。从助跑阶段以及转换阶段所选取的运动学指标来看,各个时刻重心速度都被认为是重要的技术指标,其反映了运动员的助跑速度以及速度保持能力,步长则是对重心速度的进一步补充,步长的大小一方面反映了助跑速度的快慢,另一方面反映了运动员下肢主动关节的主动性。在转换阶段,运动员在右脚着地后左脚着地前要经历短暂的单支撑过程,单支撑时间越长对运动员速度的保持越不利,右脚着地后能够继续保持甚至加速的动力来源主要是右侧下肢关节,因此右髋关节速度以及右膝缓冲角度是这一阶段速度保持能力的一个重要技术环节。在最后一步左脚着地后,运动员进入最后用力阶段,左脚着地意味着身体主动制动的开始,运动员尽可能降低身体向前的速度,重心速度应迅速地下降。重心速度下降的同时上肢关节开始主动发力,因此肩关节的速度被认为是衡量上肢加速能力的一个重要指标。而左膝关节角度被认为是衡量运动员制动能力的重要指标。第二,标枪项目要求运动员在最短的时间内,最大化投掷动作。也就是说,运动员在较短的时间内应充分发挥身体各环节的肌群,协调有序的发力,使效率最大化,而不仅仅是依靠上肢力量进行投枪。因此,各步步长以及最后用力阶段"肩—髋"轴夹角被认为是衡量身体环节有效发力的重要指标。本研究通过所获取的运动员的比赛数据,了解不同水平运动员的运动学特征,进一步检验不同水平运动员在各运动学指标间的差异。标枪技术指标体系的建立为抓举技术的评价和诊断创造了前提条件,本研究采用上述指标体系来描述我国优秀女子标枪运动员技术运动学特征。

4.2.4.1 对身体重心速度的分析

为了获得最高的出手速度,运动员应将从助跑以及交叉步所获得的动量尽可能地施加于标枪纵轴,所以从助跑加速到交叉步过渡到最后用力过程中,身体重心速度应始终呈现不断加速现象,直到最后用力。现实中,运动员在助跑阶段能够轻松达到这种要求,但随后的交叉步以及冲量步环节,由于对脚部移动的积极性、转换阶段的动作、超越器械要求等原因,运动员会出现不同程度的速度损失,而如何将速度损失最小化是每名标枪运动员始终追求的技术目标。在最后用力阶段之前,运动员所呈现的重心速度应尽可能地保持助跑阶段所获得的速度,甚至持续加速重心速度。

整体来看(图 4-20),62 米以上运动员其重心速度要比其他水平运动员的重心速度要快。在助跑阶段"时刻 A"(右脚离地瞬间),62 米以上运动员的重心速度可达到 5.79 米/秒,56～62、52～56 米水平运动员的重心速度分别为 5.23 米/秒、5.07 米/秒。随后在"时刻 B"(左脚离地时刻)所有运动员重心速度都出现下降,一方面在右脚离地左脚着地前这一期间,在无外界作用加速的情况下,受地心引力 G 的影响,重心速度会不可避免的下降;另一方面,随着左脚着地支撑,左脚踝关节以及左膝关节缓冲后发力,重心速度一定程度的下降能为接下来的交叉步更好地"蓄力"。紧接着从"时刻B"至"时刻C"(右脚着地时刻)是冲量步阶段,现代标枪投掷运动中,冲量步不仅仅是一个"桥梁"将助跑速度转化为最后的投掷速度,还要在交叉步过程中进一步加速"人—枪"系统,运动员整体的速度节奏应是逐渐加快。然而尽管许多教练员及科研人员对此提出要求,但持续加速对于运动员来说要求极高,现实比赛中极少有运动员在助跑阶段后能够继续加速。从图4-20中我们可以看出,3个水平运动员的重心速度都出现了小幅度的上升。

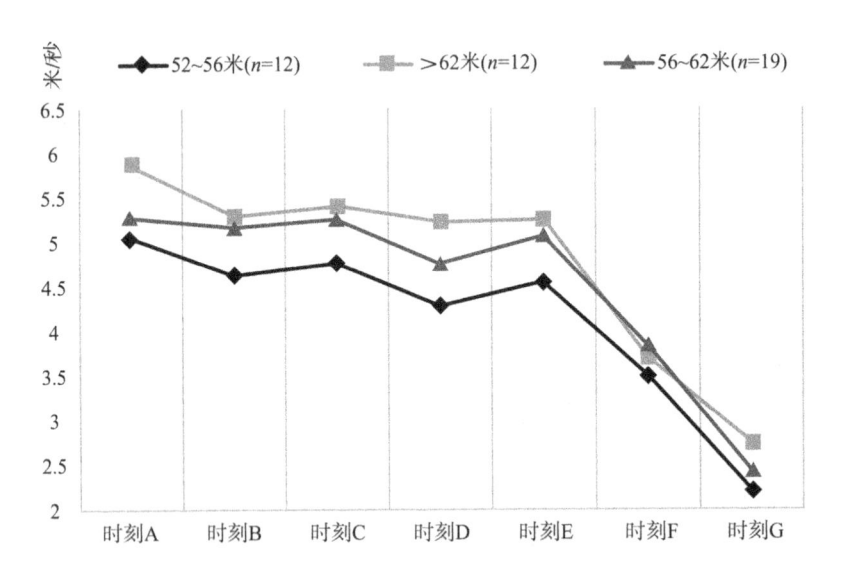

图4-20 运动员重心速度变化图

转换阶段运动员以右脚着地支撑,处于单支撑状态。从"时刻C"至"时刻D"(右膝关节最大缓冲时刻),右脚着地时所承担的负荷一方面来自运动员自身体重,运动员经过冲量步从空中落地,在重力加速度的作用下进一步加重了这一负荷;另一方面负荷来自身体向前速度所带来的冲量影响。因此,在巨大的负荷下,右膝被迫屈膝缓冲,与此同时为了实现最后一步左脚快速着地,迅速过渡到"时刻E"(左脚着地)又需要右腿有效转髋发力,快速过渡至双脚支撑。这就意味着重心速度在右脚着地后会出现下降,而同时运动员右腿应在右膝被动缓冲后实现再次加速,所以这一阶段运动员重心速度的损失应尽量最小化。从"时刻C"至"时刻D",62米以上水平运动员的重心速度降低了0.27米/秒,

56~62 米水平运动员重心速度降低了 0.29 米/秒,而 52~56 米水平运动员重心速度降幅最大,达到 0.55 米/秒。从"时刻 D"至"时刻 E",3 个水平运动员的重心速度都出现了一定的增幅,重心速度增加值分别为 0.1 米/秒、0.24 米/秒及 0.29 米/秒。从整体来看,整个单支撑转换阶段,所有运动员重心速度都是经历先减速后加速;从速度变化图像来看,62 米以上水平运动员的重心波动幅度更小,整体动作区域平稳保持,而 56~62 米及 52~56 米水平运动员的重心速度变化幅度更大,这在一定程度上会影响随后的技术动作。

最后用力阶段,"时刻 E"至"时刻 F",左腿制动为接下来的动量传至身体上侧躯干建立基础,左腿有效制动减小身体重心的移动,身体向前运动停止,重心速度迅速降低,由下肢发力为主转为上肢发力为主。身体向前的动量在有效的制动下由下肢传递至上肢,从重心速度降幅来看(表 4-15),在"时刻 E"(左脚着地时刻)至"时刻 F"(左膝最大缓冲时刻),62 米以上运动员的身体重心降幅要优于其他水平运动员,而从左脚着地至"时刻 G"(出手瞬间)的整个过程来看,62 米以上水平运动员较其他两个水平运动员的降幅有微弱优势,但考虑到 62 米以上水平运动员在"时刻 E"有着更高的身体重心速度,对运动员的制动要求更高,所以结合身体重心速度降幅来看,水平高的运动员其身体重心速度降幅能力要优于水平相对较低的运动员。

表 4-15　运动员重心速度变化

	>62 米($n=5$)	56~62 米($n=19$)	52~56 米($n=12$)
E—F	0.29	0.26	0.22
E—G	0.52	0.51	0.50

4.2.4.2　对身体姿态角度的研究

运动员在掷标枪时助跑的目的是为最后用力创造有利的条件:最佳的重心速度;建立良好的"人—枪"系统姿势;合适的器械加速路线以及有效控制标枪出手。掷标枪对运动员有较高的速度要求,需要降低右脚着地后的制动。排除运动员个体技术的差异性,教练员与运动员在设计技术训练提高效率时,应考虑尽可能地减少在最后右脚着地时刻速度的丢失以及运动员的后倾角度。国内许多学者和教练员对右脚着地后躯干倾角仍存在误解,认为过大的躯干后倾角度使运动员获得更多的时间以及加速距离,殊不知躯干倾角越大,速度丢失越多。目前,合理的观点认为要想继续加速"人—枪"系统,右脚着地时的身体姿势是关键。运动员的身体姿势以及腿部动作应以降低速度的丢失为目的,在交叉步基础上应保持身体姿势与地面夹角呈垂直状态,落地瞬间以右脚前脚掌着地从而保证随后的加速。牛顿第三定律(作用力与反作用力)可以用来解释为何冲量步右脚着地人体会产生倾斜角,运动员若在交叉步过程中右腿采用高膝向前摆动,这一向前的力会给上半身产生相反的向后的作用力,引起上半身后倾以维持平衡。因此,对于交叉步的基本原则是动作积极、左右腿交叉幅度不可过大,在较大的步幅下使运动员有充分时间为右脚着地建立良好的身体姿势,否则会导致身体后倾程度增加,不利于后续加速动作。图 4-21 中显示出水平越高的运动员其冲量步步长越大且躯干后倾角度越小。62 米以上水平运动员的平均冲量步步长为 1.71 米,躯干倾斜角度均值为 24.3 度;而 56~62 米水平及 52~56 米水平运动员倾斜角分别达到了 27.3 度与 28.7 度。

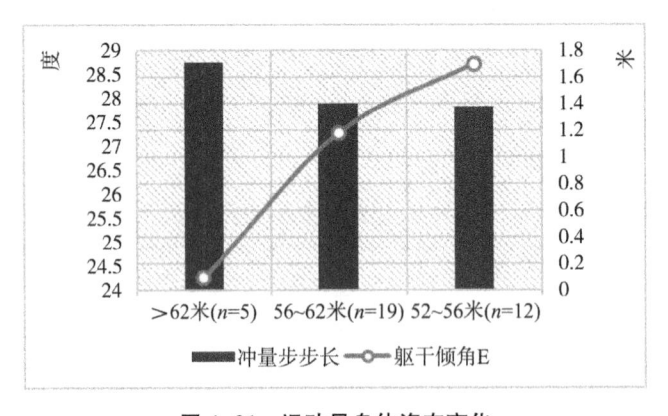

图 4-21 运动员身体姿态变化

4.2.4.3 对下肢加速能力的研究

掷标枪以下肢、髋关节、躯干、左侧支撑为基础,同时延缓手臂动作。这些基本要素都是源于一项原理,即动量保持。如何保持助跑阶段所获得的动量是决定标枪投掷成功与否的关键,运动员要不断在每一步进行加速,在最后两步达到整个投掷阶段的最大速度。同样,在最后一步右脚着地后也要尽快使左脚迅速着地，左脚着地所需时间越长，动量丢失的可能性越大。对于标枪运动员来讲，要始终使下肢动作"引领"躯干与上肢，右脚着地又称为"软支撑步"或"坐姿"，用来保持动量。在最后用力阶段之前，运动员向前移动速度的来源取决于腿部蹬伸、髋关节转髋能力等，要充分利用作用力与反作用力原理，不断加速"运动员—标枪"系统，减小速度的损失，保持动量，平稳过渡到最后用力阶段。

出手速度可以从多个方面获得，如助跑速度、左脚快速着地、力的集合、肌肉收缩、杠杆原理的正确利用以及发力时机等。但是如果不能建立一个良好的动作基础，出手速度的获取会被严重削弱。冲量步不仅是助跑与最后用力的衔接环节，还担负着积极主动的加速过渡到最后用力，使腿部引领整个"运动员—标枪"系统的任务，为有效发挥动力链的传递建立基础。当右脚开始着地时，髋关节即开始进行旋转，伴随着右脚跟外旋，膝关节向前向下运动。从"时刻C"髋关节速度来看，不同水平运动员的髋关节速度表现不一样，水平越高其右髋关节速度越大，且在"时刻D"（右膝最大缓冲时刻），62米以上水平运动员以及56～62米水平运动员，右髋关节能够继续加速，而52～56米水平运动员的右髋关节速度则出现下降。此外，较大的髋关节速度也会进一步促进最后一步步长的增加，为建立更好的投掷姿势提供基础（图4-22）。

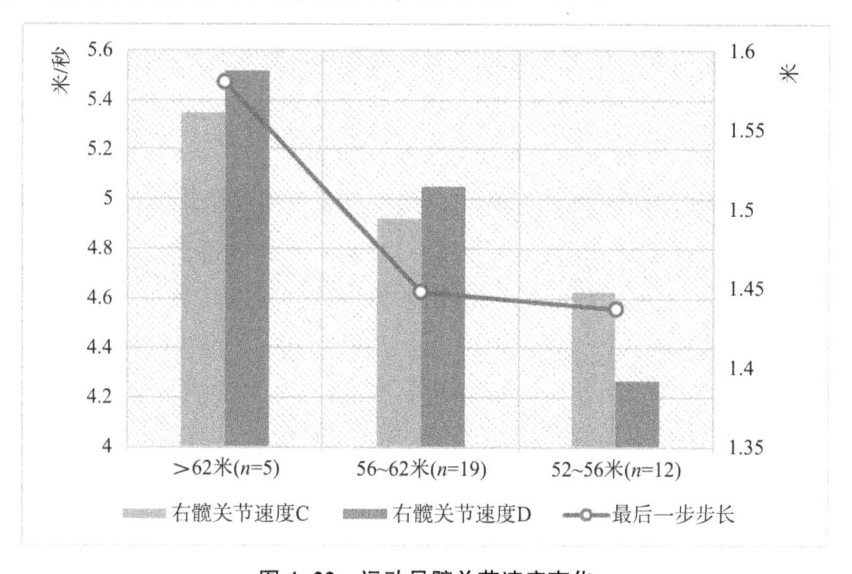

图4-22 运动员髋关节速度变化

4.2.4.4 对下肢制动能力的研究

在标枪出手瞬间,运动员出手速度越快其身体重心速度越慢,这一现象显示了左腿制动的重要性。运动员在左脚着地后开始制动,目的在于降低其助跑速度并同时使"人—枪"系统能量转换至标枪。要保证最大的制动效果就要最大限度保持左腿的稳定性,理论上来说,左膝关节角度越大,制动效果越明显,左膝关节角度应是完全伸直,即保持在180度左右从而有利于动量转换至标枪。因此,左脚着地后的膝关节角度应尽可能保持稳定(180度)。然而由于巨大的负荷作用于左膝关节,且运动员常常会受到伤病影响,只有一些顶尖运动员能够达到此要求。多数运动员在左脚着地后,膝关节会进行一定程度的屈膝缓冲并再次伸直。

最后一步左脚着地意味着身体向前速度的停止以及最后用力阶段的开始。运动员在助跑以及交叉步阶段所获得的动量要在这一阶段传递至标枪,能否有效的转换很大程度上取决于左腿支撑的有效性,因此对左膝关节的稳定性有着极高的要求。左腿作为一个完整的肢体,由于各关节的存在,它并不会像杠杆一样完全支撑于地面,受到巨大的负荷压力,膝关节或多或少会产生屈膝现象。而从生理学与生物力学角度来讲,膝关节屈膝越多越不利于躯干以及上肢关节肌群的预先拉长,因此左膝关节应做到最低程度的屈膝缓冲。为了达到最大的出手速度,必须考虑左腿的制动动作,因为制动腿在很大程度上影响"人—枪"系统的水平速度。左腿膝关节伸直程度在一定程度上反映了运动员动能传递的效率,首先应使左腿积极主动地着地,减少人体惯性过渡阶段,左脚着地瞬间采用制动性的支撑动作,下肢向前速度突然降低,在巨大的惯性下上体向前速度加快,这时下肢会对地面产生一个作用力的峰值,这为运动员最后用力提供了良好的支点。

从图4-23中膝关节角度的变化来看,在"时刻E"(左脚着地时刻)62米以上与56～62米水平运动员的膝关节角度都在170度以上,而52～56米水平运动员膝关节角度为167度。在"时刻F",巨大的压力负荷下不同水平运动员的膝关节速度都出现了下降,62米以上与56～62米水平运动员的膝关节角度下降至160～165度之间,而52～56米水平运动员膝关节角度则降至150～155度之间。从图中还可以看出,在膝关节稳定性方面,52～56米水平运动员膝关节稳定性较差。膝关节的制动意味着重心速度的降低,从图中重心速度下降程度来看,3 个水平的运动员都有着不同程度的下降,以 62 米以上水平运动员为最好,重心速度下降了 1.53 米/秒;以 52～56 米水平运动员为最差,仅下降 1.04 米/秒;56～62 米水平运动员居中,下降了 1.28 米/秒。

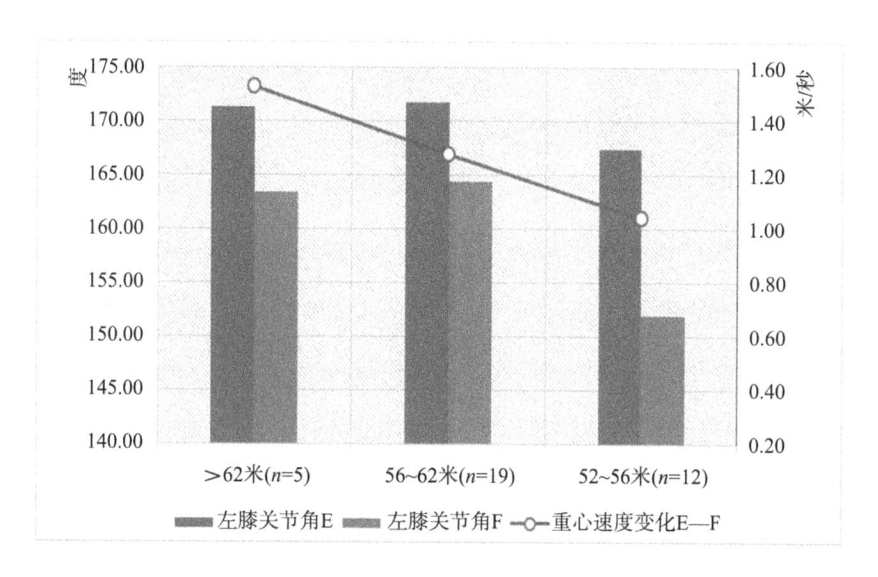

图 4-23 运动员膝关节角度变化

4.2.4.5 对上肢加速能力的研究

图 4-24 所示运动员在"时刻 E"和"时刻 F"的肩关节速度都具有明显差距,62 米以上水平运动员在"时刻 E"的肩关节速度为 6.59 米/秒,并能够在随后的"时刻 F"仍能上升至 7.39 米/秒。56～62 米水平运动员在"时刻 E"肩关节速度为 6.11 米/秒,与 62 米以上水平运动员相差较少,但在"时刻 F",其肩关节速度升幅有限,仅增加了 0.4 米/秒,与 62 米以上水平运动员在"时刻 F"的差距较大。52～56 米水平运动员在"时刻 E"的速度仅为 5.13 米/秒,虽然在随后的"时刻 F"增加至 6 米/秒,但相比其他水平运动员仍然差距较大。

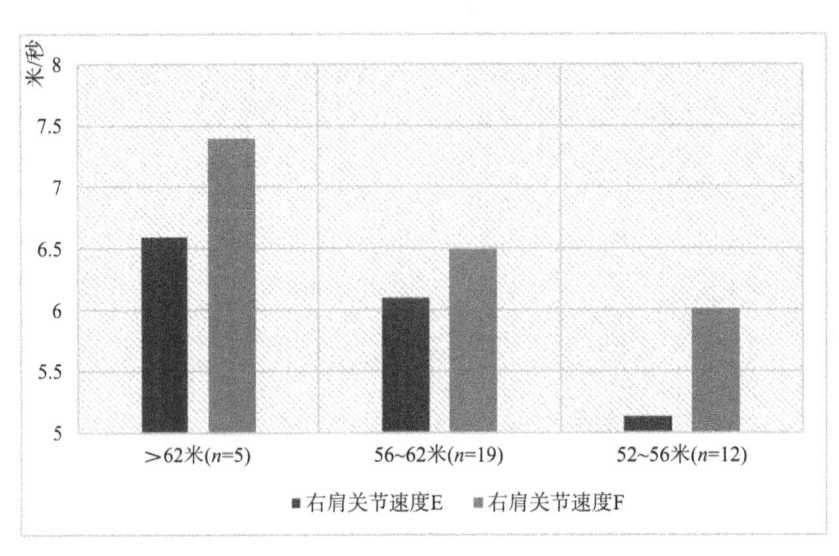

图 4-24　运动员右肩关节速度变化

4.2.4.6　躯干环节发力研究

标枪运动员要面对的一个主要技术问题是如何将多关节的系统肌群收缩活动进行控制,产生有序的动作。机体从头到脚有多个环节包含着多个自由度,运动过程中自由度越多动作会变得越复杂。标枪项目要求产生较高的出手速度,就需要产生相应的加速度,而这一力量来源于肌肉收缩。主要肌群的肌力越大、力量越大,产生的加速度就越快。主要肌群主要位于躯干部位,而标枪则是需要运动员在远端环节(手部)产生较高速度,所以问题的关键在于如何协调各个肌群产生较为成功的投掷。在掷标枪中,简单的同步肌肉力量相加对加速标枪来说意义较小,而总的肌肉做功和机械冲量更加可取,因为两者直接相关,各自都随着系统动能以及势能变化而变化。这里的基本原理是肌力与肌肉收缩的乘积为功,肌力与时间的乘积为冲量。系统所做的功改变系统的动能,系统冲量改变动能,也就是功与冲量改变着机体各环节速度或者角速度。因此,我们注重这个问题的目的就是协调各肌群的收缩活动,最大化肌肉的功与冲量,从而使标枪最远端环节的速度成为最终的最快速度。运动员最后一步左脚着地制动,水平向前速度迅速降低,助跑阶段动量传递至躯干以及上肢关节,此时若躯干没有保持良好的身体姿势,会导致动量传递效率降低,同时运动员单纯依靠上肢关节发力,难以利用身体其他环节的肌群肌力,产生相对较低的出手速度。最后用力阶段被认为是掷标枪中最重要的环节,因为这一阶段需要运动员在有较高的助跑速度的前提下能够协调机体各环节有序发力,上肢关节发力过早,下肢动量便无法高效利用。利用"肩—髋"轴夹角角度变化来反映运动员在左脚着地后的上下肢关节的姿态,可以确认运动员上下肢环节的发力状态。

图 4-25 所示为不同水平运动员在"时刻 E"(左脚着地时刻)的"肩—髋"轴夹角,可以看出,不同运动员之间主要在于"肩轴"姿势不同,对于 62 米以上水平运动员而言,"肩轴"距离"髋轴"更远,换言之,肩关节延缓能力更强,"肩—髋"轴夹角达到 134.5 度,而其他两个水平的运动员肩关节更靠近"髋轴",提前发力的现象更加明显,两者"肩—髋"轴夹角分别为 139.4 度和 143.9 度。在"时刻 F"(左膝最大缓冲时刻),此时髋关节主动旋转结束,肩关节继续向前运动,"肩轴"领先于"髋轴",带动小臂完成"鞭打"动作。此时,3 个不同水平运动员的"肩—髋"夹角,62 米以上及 56~62 米水平运动员无明显差异,"肩—髋"轴夹角分别为 154.6 度和 155.8 度;52~56 米水平运动员则为 151.6 度。从图 4-26 可以看出,不同水平运动员"髋轴"的变化,56~62 米水平运动员由于上肢发力过早,髋关节"转髋"积极性不如其他水平运动员。最终从"时刻 E"至"时刻 F""肩—髋"轴夹角的变化来看,62 米以上水平运动员变化为 20.14 度,56~62 米水平运动员变化为 16.41 度,52~56 米水平运动员变化为 7.75 度。

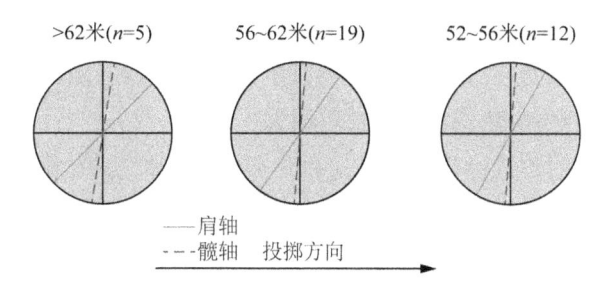

图 4-25 "时刻 E"运动员"肩—髋"轴变化

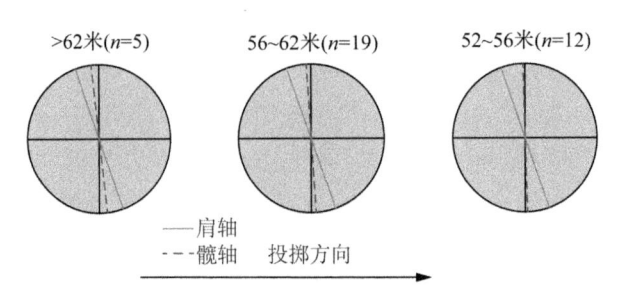

>62米(n=5)　　56~62米(n=19)　　52~56米(n=12)

——肩轴
----髋轴　投掷方向 →

图 4-26 "时刻 F"运动员"肩—髋"轴变化

当机体某一环节的肌肉开始收缩时,该肌群便会产生肌力从而促使动作发生,为追求最大肌力我们需要该肌群产生最大的收缩,最大化其收缩长度与收缩速度。最简单的方式是在最大化收缩长度时给予该肌群收缩充足的时间,我们可以通过拮抗肌使该肌群向反方向运动,也就是生物力学中的拉长-缩短周期。在掷标枪运动中,肩关节动作要在下肢及躯干动作之后,一方面可以利用拉长-缩短周期加大肩关节收缩的初长度,另一方面可以最大化利用下肢动量。在最后一步左脚着地时,运动员从向前运动状态转为最后用力状态,水平向前的动量通过躯干传至上肢,最终使标枪产生较高的出手速度,因此在左脚着地时刻肩关节应尽量避免提前发力。

4.2.5 小结

技术运动学指标筛选原则包括目的性原则、科学性原则、可操作性原则、代表性原则、客观性原则、完整性与简捷性原则。

标枪技术运动学评价指标体系是一个多层次、多目标的复杂结构,从影响运动成绩的因素出发,逐层次探究影响技术的主要阶段及运动学参数,这些运动学参数包括速度、角度、步长、时长等因素。

标枪技术运动学指标体系构建过程主要分为指标初拟、指标初选、指标优选3个主要环节。从120项初拟指标中经过专家筛选出74项指标,经过因子分析筛选最终确定了3个技术阶段下的22项具体技术运动学指标。

经专家问卷调查得出助跑阶段(0.13)、转换阶段(0.16)以及最后用力阶段(0.71)3个阶段权重,具体指标权重通过因子分析确立。

通过对3个不同等级运动员,在重心速度、身体姿态角度、上肢及下肢加速能力以及躯干环节发力能力的技术运动学特征描述,进一步确立了所构建运动学指标的有效性。

4.3 我国优秀女子标枪运动员技术的运动学评价

4.3.1 我国优秀女子标枪运动员技术评价的基本步骤

(1) 在选择评价指标时,要考察指标之间的内在关联,选择那些主要能体现标枪技术本质的运动学指标,这些指标应具体、可行、可靠。

(2) 根据评价的目的,确立各指标对标枪技术评价的相对重要性,或各指标的权重。

(3) 合理确定各个指标的评分标准或评价等级及其界限。

(4) 依据评价目的、运动学指标数据特征,选择恰当的综合评价方法,并结合所掌握的标枪历史资料,建立综合性的标枪技术评价模型(evaluation model)。

(5) 确定评价指标的等级数量界限,在女子标枪运动员技术评价的实践过程中,对选用的评价模型进行检验,并修改补充,使之具有一定的科学性和实用性。

4.3.2 我国优秀女子标枪运动员技术的运动学评价标准

评价标准的制定是构建评价体系的关键,标枪技术评价标准的建立能够使运动员各项技术运动学指标差异得到量化的客观反映,当前常见的评价标准包括评分评价和等级评价。标枪技术的运动学评分标准依据运动学指标的数量分为具体指标评价与指标综合评价。具体指标评价是对构成标枪技术的运动学指标体系中各具体指标进行评价,各个具体指标反映了标枪技术的不同方面。这种具体指标的评分较易实施,只需遵循一定的标准分别对评价对象确定一个评价分数或者等级,并依据各运动学指标等级或分值的高低进行排序。而由于标枪技术受多种因素的影响,三个阶段下的运动学指标较多,对某一运动员的技术进行评价时,需要结合各个具有代表性的指标进行综合评价。综合评价是对一个复杂系统的多个指标进行总评价的特殊方法,任何一个标枪运动员都很难做到在每个指标上处于同一发展水平,总会出现某一个或某些指标水平较高,而其他指标发展水平相对较低的状况,因此,制定科学合理的标枪技术发展水平的评价标准,可以更加综合地对运动员技术进行整体评价,从而使整个技术训练在科学的指导下得到有效控制,提高训练针对性。

4.3.2.1 我国优秀女子标枪运动员评价标准的一般量值模式

经过对优秀女子标枪运动员22项运动学指标测试结果的统计,得到了包括平均值、标准差、最大值以及最小值等一般量值模式。

一般量值模式反映了我国优秀女子标枪运动员技术运动学的指标特征,同时也为制定女子标枪运动员的专项技术评价标准建立了基准。标枪技术运动学一般量值模式是对标枪技术复杂系统最大限度的简化,一般量值模式的建立能深入揭示运动员技术的关键指标因素,为标枪项目实施有系统、有目的的技术训练提供保障,提高了技术训练的效益,女子标枪技术运动学指标模型的建立对我国优秀女子标枪人才的培养与可持续发展有重要意义。

表4-16 我国优秀女子标枪运动员技术的运动学指标一般量值模式($n=36$)

运动学指标	平均值	标准差	方差	最小值	最大值
倒数第三步步长(米)	1.44	0.28	0.08	1.01	1.90
重心速度A(米/秒)	5.69	0.88	0.78	3.82	6.94
冲量步步长(米)	1.40	0.41	0.17	0.72	2.17
重心速度B(米/秒)	5.29	0.71	0.50	3.78	6.13
重心移动距离C—D(米)	0.49	0.07	0.00	0.39	0.58
最后一步步长(米)	1.48	0.28	0.08	1.06	1.96
右脚着地时刻躯干倾角(度)	26.19	5.13	26.27	16.52	35.46
右髋关节速度C(米/秒)	5.05	0.69	0.48	3.47	6.40
重心速度C(米/秒)	5.39	0.65	0.42	4.01	6.34
右髋关节速度D(米/秒)	5.06	0.83	0.70	3.54	6.30
重心速度D(米/秒)	4.99	0.61	0.37	3.73	5.78
右膝关节角D(度)	109.73	8.91	79.2	83.57	124.38
重心速度E(米/秒)	5.20	0.65	0.42	3.60	6.35

续表

运动学指标	平均值	标准差	方差	最小值	最大值
右肩关节速度 E(米/秒)	6.20	0.97	0.95	4.33	8.74
"肩—髋"轴夹角 E(度)	138.60	13.75	189.04	80.93	158.75
左膝关节角 E(度)	170.00	5.44	29.56	156.84	178.11
重心速度 F(米/秒)	3.87	0.58	0.34	2.45	4.99
"肩—髋"轴夹角 F(度)	155.34	16.18	261.87	93.77	179.28
左膝关节角 F(度)	159.85	10.09	101.76	135.58	178.44
右肩关节速度 G(米/秒)	5.23	0.96	0.93	3.05	6.87
右肩关节速度 F(米/秒)	6.74	1.05	1.10	4.79	8.43
重心速度 G(米/秒)	2.55	0.45	0.20	1.70	3.64

4.3.2.2 我国优秀女子标枪运动员技术的运动学评分评价

为客观反映我国优秀女子标枪运动员的技术运动学表现,揭示其技术水平差异,就需要设计一个统一的评价标准,使这种技术水平差异得到更加客观、定量的反映。首先本研究采用百分位数法,对优秀女子标枪运动员技术运动学指标制定单项指标评价标准。通过上述一般量值模式,分别将各指标进行 10、20、30、……90 百分比划分,并将 10~90 百分位指标分别对应 1~9 分,最大值为 10 分。所得出的各指标单项评价标准如表 4-17 所示。需要指出的是,右脚着地时刻躯干倾角、右肩速度 E、重心速度 F 以及重心速度 G 的评分标准应采取与其他指标相反的方法,因此这 4 个指标的最小值为 10 分,最大值为 1 分。

表 4-17 我国优秀女子标枪运动员技术运动学指标评分标准($n=36$)

指标	得分									
	1	2	3	4	5	6	7	8	9	10
倒数第三步步长(米)	1.10	1.11	1.18	1.30	1.51	1.56	1.65	1.72	1.77	1.90
重心速度 A(米/秒)	4.04	4.40	5.63	5.88	5.99	6.10	6.25	6.33	6.52	6.94
冲量步步长(米)	0.85	1.05	1.07	1.19	1.35	1.59	1.68	1.86	1.91	2.17
重心速度 B(米/秒)	4.01	4.34	5.10	5.46	5.55	5.61	5.76	5.85	5.99	6.13

续表

指标	得分									
	1	2	3	4	5	6	7	8	9	10
重心移动距离C—D(米)	0.40	0.41	0.42	0.44	0.50	0.53	0.55	0.56	0.57	0.58
最后一步步长(米)	1.13	1.17	1.26	1.42	1.49	1.54	1.61	1.79	1.89	1.96
右脚着地时刻躯干倾角(度)	19.40	22.00	23.26	24.23	25.15	28.34	28.83	31.23	34.55	35.46
右髋关节速度C(米/秒)	3.99	4.42	4.76	5.04	5.12	5.38	5.44	5.71	5.77	6.40
重心速度C(米/秒)	4.19	4.76	5.23	5.57	5.62	5.66	5.80	5.92	5.96	6.34
右髋关节速度D(米/秒)	3.76	4.12	4.50	5.15	5.22	5.33	5.68	5.82	6.11	6.30
重心速度D(米/秒)	3.95	4.23	4.70	5.11	5.28	5.32	5.37	5.48	5.59	5.78
右膝关节角D(度)	100.70	103.16	105.06	105.82	108.11	111.33	116.10	118.36	122.05	124.38
重心速度E(米/秒)	4.09	4.29	5.10	5.33	5.39	5.43	5.50	5.71	5.91	6.35
右肩关节速度E(米/秒)	4.88	5.12	5.49	6.31	6.48	6.59	6.69	6.79	7.38	8.74
"肩—髋"轴夹角E(度)	125.00	130.81	134.46	139.33	140.37	141.49	146.23	148.38	152.58	158.75
左膝关节角E(度)	161.96	164.77	168.05	168.88	170.38	171.38	173.03	176.35	177.25	178.11
重心速度F(米/秒)	2.95	3.53	3.60	3.88	4.04	4.06	4.15	4.27	4.62	4.99
"肩—髋"轴夹角F(度)	141.85	151.18	153.34	154.81	156.71	159.58	162.53	163.64	171.94	179.28
左膝关节角F(度)	147.05	150.69	154.98	157.73	159.79	161.94	165.48	170.34	173.53	178.44
右肩关节速度G(米/秒)	3.77	4.50	4.75	5.11	5.34	5.61	5.80	6.12	6.39	6.87
右肩关节速度F(米/秒)	5.18	5.56	6.32	6.60	6.76	6.90	7.34	7.62	8.25	8.43
重心速度G(米/秒)	1.95	2.00	2.26	2.52	2.66	2.67	2.79	2.95	3.07	3.64

4.3.3 我国优秀女子标枪运动员技术的运动学评分结果

4.3.3.1 具体指标评分结果(不加权)

依据评分标准查出运动员在各项具体指标上的得分,对 2017 年全国田径大奖赛郑州站 7 名运动员的技术指标进行评分评价,运动员具体情况如表 4-18 所示。

表 4-18　7 名运动员成绩表($n=7$)

运动员	刘诗颖	李玲蔚	余玉珍	苏玲丹	彭娟红	杜晓玮	孙小梅
成绩(米)	62.29	60.81	56.55	55.59	54.67	54.25	53.96

表 4-18 所示是 2017 年全国田径大奖赛郑州站 7 名运动员的最好成绩,为验证所建立的优秀女子标枪运动员技术运动学评分标准的实际应用价值,对这 7 名运动员的比赛录像进行解析,获取每名运动员的 22 项运动学指标,并参照运动学评分标准(表 4-17),对每名运动员进行评分(表 4-19)。从整体上来看,运动成绩优秀的运动员其技术运动学各具体指标的高得分也较多,且技术运动学总得分顺序基本与运动成绩顺序保持一致。具体到每一阶段可以发现,在同一阶段下的每一指标得分并不是与运动成绩呈一一对应的关系。在助跑阶段,刘诗颖的总得分为 30 分,李玲蔚以及彭娟红的得分与刘诗颖保持一致,而余玉珍的得分则在 7 名运动员中排第一位,说明在助跑阶段余玉珍有着较好的技术表现,苏玲丹与孙小梅在助跑阶段的表现较差。

从助跑阶段下的各具体运动学指标来看,尽管李玲蔚在该阶段的得分达到 30 分,但其在"时刻 B"重心速度的表现是 7 名运动员中最差的,而苏玲丹虽然助跑阶段总得分仅为 24 分,但其各个指标都在 5 分之上,因此通过各阶段的总得分可以观察运动员在某一阶段的整体表现,而各阶段下的具体指标则可以帮助我们发现运动员的具体表现。

在转换阶段,运动员阶段总得分较之前差距拉大,李玲蔚以 62 分排在第一位,运动成绩较差的孙小梅(53.96 米)在这一阶段仅获得 30 分,多项指标仅为 1~3 分。刘诗颖运动成绩最好,但她在这一阶段的得分只排在第 3 位,从具体指标来看其在"时刻 C"的重心速度表现不好,进而影响其总体表现。

在最后用力阶段,不同水平运动员技术的运动学得分差距进一步拉大,最高的 77 分、最低的仅为 34 分,最后用力阶段的总得分与运动成绩相一致,运动成绩高的运动员其在该阶段的得分也相应较高,但在各具体指标上仍存在差异。在转换阶段表现最优秀的李玲蔚,其最后用力阶段具体指标也不乏满分表现,但在"重心速度 G"等的表现则较差一些,影响了她的最终表现。在前两个阶段刘诗颖的总体得分并非排在第一位,但其在最后用力阶段的强势表现最终让其三个阶段的总得分排在所有运动员的前面。

表 4-19　运动员技术运动学指标评分($n=7$)

技术阶段	指标	刘诗颖	李玲蔚	余玉珍	苏玲丹	彭娟红	杜晓玮	孙小梅
助跑阶段	倒数第三步步长	9	8	7	5	9	7	9
	重心速度 A	9	9	8	6	7	6	4
	冲量步步长	6	10	9	7	6	8	7
	重心速度 B	6	3	9	6	8	7	4
	阶段总得分	30	30	33	24	30	28	24
转换阶段	重心移动距离 C—D	8	6	6	7	9	10	5
	最后一步步长	7	10	7	4	10	7	6
	右脚着地时刻躯干倾角	8	8	10	10	2	4	1
	右髋关节速度 C	6	7	6	5	4	4	3
	重心速度 C	4	9	7	5	8	6	3
	右髋关节速度 D	6	9	8	5	1	7	3
	重心速度 D	8	7	4	5	4	8	3
	右膝关节角 D	6	6	7	7	1	5	6
	阶段总得分	53	62	55	48	39	51	30

续表

技术阶段	指标	刘诗颖	李玲蔚	余玉珍	苏玲丹	彭娟红	杜晓玮	孙小梅
最后用力阶段	重心速度 E	6	8	4	3	7	7	3
	右肩关节速度 E	5	5	4	7	8	2	3
	"肩—髋"轴夹角 E	10	7	6	1	3	1	8
	左膝关节角 E	8	10	6	9	2	7	1
	重心速度 F	6	2	2	8	2	5	5
	"肩—髋"轴夹角 F	8	5	6	3	4	6	1
	左膝关节角 F	8	8	7	4	2	6	1
	右肩关节速度 G	8	7	8	5	5	5	6
	右肩关节速度 F	10	3	6	4	6	2	4
	重心速度 G	8	1	4	6	4	5	2
	阶段总得分	77	56	53	50	43	46	34

4.3.3.2 综合评分结果

优秀女子标枪运动员技术的运动学指标体系下共包含了 22 个具体指标，这 22 个具体指标代表了运动技术的不同方面，包括速度、角度、位移等。当我们要从整体上对某一运动员的具体表现进行总评价时，由于各评价指标量纲的不同，各阶段下具体指标对技术整体的地位与作用不同，以及各技术阶段对于技术的影响区别，各指标间的非平衡性以及对技术整体的相对重要性决定了此时需要将指标的权重考虑进去，通过指标的权重，将得出某一运动员技术的整体评价。具体指标权重得分确定：$N = \sum A_i B_i$。

式中，N 为所属各二级指标权重总分；A 为某一指标的单项得分，A_i 为该项指标的权重。

一级指标综合评价得分确定步骤：$M = \sum N_j W_j$。

式中，M 为运动员的综合技术评分；W_j 为某一级指标的权重。根据综合评分计算步骤首先确定二级指标权重下的得分，然后确定一级指标下的权重得分（表 4-20）。

表 4-20 运动员综合得分($n=7$)

阶段	刘诗颖	李玲蔚	余玉珍	苏玲丹	彭娟红	杜晓玮	孙小梅
助跑阶段	1.95	1.93	2.15	1.56	1.95	1.81	1.54
转换阶段	3.08	3.75	3.15	2.66	2.37	3.09	1.71
最后用力阶段	22.13	14.87	14.86	15.45	14.16	13.25	10.70
总分	27.16	20.55	20.16	19.67	18.48	18.15	13.95

从一级指标各技术阶段综合评分来看(表 4-21),权重后运动员各阶段重要性程度被进一步放大,最后用力阶段的重要性得以凸显,而转换阶段与助跑阶段的作用被一定程度降低。从图 4-27 中可以看出,运动员综合总得分基本与最后用力阶段得分相一致,当最后用力阶段得分高时,运动员综合得分也相应提高。

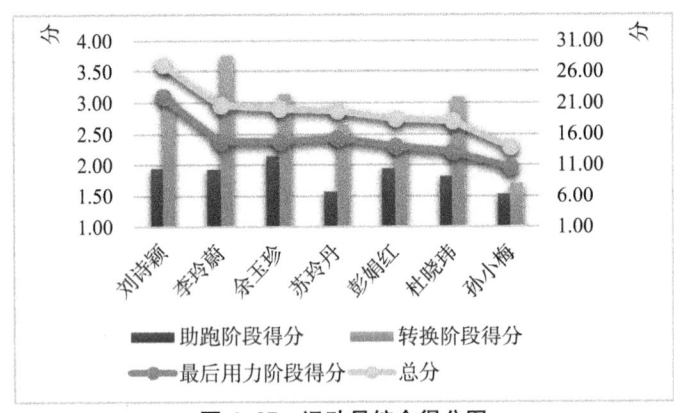

图 4-27 运动员综合得分图

表 4-21 运动员综合评分结果($n=7$)

技术阶段	指标	刘诗颖	李玲蔚	余玉珍	苏玲丹	彭娟红	杜晓玮	孙小梅
助跑阶段	倒数第三步步长	4.31	3.83	3.35	2.40	4.31	3.35	4.31
	重心速度 A	4.69	4.69	4.17	3.13	3.65	3.13	2.08
	冲量步步长	2.87	4.79	4.31	3.35	2.87	3.83	3.35
	重心速度 B	3.13	1.56	4.69	3.13	4.17	3.65	2.08
	阶段总得分	15.00	14.87	16.52	12.01	15.00	13.96	11.82

续表

技术阶段	指标	刘诗颖	李玲蔚	余玉珍	苏玲丹	彭娟红	杜晓玮	孙小梅
转换阶段	重心移动距离C—D	2.45	1.84	1.84	2.15	2.76	3.06	1.53
	最后一步步长	2.15	3.06	2.15	1.23	3.06	2.15	1.84
	右脚着地时刻躯干倾角	1.62	1.62	2.02	2.02	0.40	0.81	0.20
	右髋关节速度C	2.95	3.44	2.95	2.46	1.97	1.97	1.47
	重心速度C	1.97	4.42	3.44	2.46	3.93	2.95	1.47
	右髋关节速度D	2.95	4.42	3.93	2.46	0.49	3.44	1.47
	重心速度D	3.93	3.44	1.97	2.46	1.97	3.93	1.47
	右膝关节角D	1.21	1.21	1.41	1.41	0.20	1.01	1.21
	阶段总得分	19.23	23.45	19.71	16.65	14.78	19.32	10.66
最后用力阶段	重心速度E	3.26	4.35	2.18	1.63	3.81	3.81	1.63
	右肩关节速度E	2.72	2.72	2.18	3.81	4.35	1.09	1.63
	"肩—髋"轴夹角E	2.35	1.65	1.41	0.24	0.71	0.24	1.88
	左膝关节角E	1.76	2.21	1.32	1.98	0.44	1.54	0.22
	重心速度F	3.26	1.09	1.09	4.35	1.09	2.72	2.72
	"肩—髋"轴夹角F	1.88	1.18	1.41	0.71	0.94	1.41	0.24
	左膝关节角F	1.76	1.76	1.54	0.88	0.44	1.32	0.22
	右肩关节速度G	4.35	3.81	4.35	2.72	2.72	2.72	3.26
	右肩关节速度F	5.44	1.63	3.26	2.18	3.26	1.09	2.18
	重心速度G	4.35	0.54	2.18	3.26	2.18	2.72	1.09
	阶段总得分	31.13	20.94	20.92	21.76	19.94	18.66	15.07

从表4-21中可以看出,将技术的运动学指标进行权重后,原本技术评分相一致的指标由于指标权重之别而变得不同。例如,刘诗颖倒数第三步步长与重心速度A的指标评分都为9分,权重后由于重心速度权重要高于步长,所以导致最终重心速度A的权重得分要大于倒数第三步步长的得分。同时还可以看到评分较低的指标在权重后得分甚至会超过评分高的指标,如在转换阶段,刘诗颖最后一步步长的评分为7分,低于右脚着地时刻躯干倾角,而权重后由于最后一步步长权重大于躯干倾角,导致权重后最后一步步长得分(2.15分)大于右脚着地时刻躯干倾角得分(1.62分)。

4.3.3.3 等级评价结果

通过标枪运动员技术的运动学指标评分和综合评分,可以直观地看出不同水平运动员在各级指标上的具体得分,但无法判断各个运动员在技术运动学一级指标和整体技术上所处的层次与水平,因此我们需要建立相应的运动员技术运动学等级评价标准,依据体育测量与评价理论,等级评价可采用五等评价法。本研究采用百分位法将女子标枪技术运动学指标进行五等分:<25%为B-,25%~50%为B,50%~75%为B+,75%~90%为A,>90%为A+。基于此,建立我国优秀女子标枪运动员技术运动学一级指标和综合等级标准(表4-22)。

表4-22 我国优秀女子标枪运动员技术运动学等级评价标准

	<25% (B-)	25%~50% (B)	50%~75% (B+)	75%~90% (A)	>90% (A+)
助跑阶段得分	<1.04	1.05~1.57	1.56~1.82	1.83~2.02	>2.02
转换阶段得分	<1.62	1.63~2.86	2.87~3.29	3.3~3.71	>3.71
最后用力阶段得分	<10.56	10.56~15.86	15.87~19.06	19.07~20.70	>20.70
总得分	<12.91	12.91~20.87	20.88~23.42	23.43~25.07	>25.07

根据权重得分确立各阶段以及运动员综合等级标准后,我们可以看到,要达到A+水平,运动员在助跑阶段得分应至少为2.02分,转换阶段得分至少为3.71分,最后用力阶段得分至少为20.70分,总分应不低于25.07分。在上述等级标准下对7名运动员等级进行评价(表4-23)。刘诗颖是唯一一位总分在A+水平的运动员,其在三个阶段的等级都在B+及以上,其中最后用力阶段达到A+水平。李玲蔚综合等级为B+,其中转换阶段达到A+水平,但由于最后用力阶段得分偏低,降低了她的总体等级。其余5名运动员的综合等级都在B级水平,其中余玉珍在助跑阶段达到A+水平,其在转换阶段与最后用力阶段表现应有所加强,孙小梅则是在最后用力阶段中表现最差,是B-水平。

表 4-23　运动员技术运动学等级评分结果

	刘诗颖	李玲蔚	余玉珍	苏玲丹	彭娟红	杜晓玮	孙小梅
助跑阶段等级	A	A	A+	B+	A	B+	B
转换阶段等级	B+	A+	B+	B	B	B+	B
最后用力阶段等级	A+	B	B	B	B	B	B−
总体等级	A+	B+	B	B	B	B	B

4.3.4　小结

本节对优秀女子标枪运动员技术的运动学指标体系建立了评价标准，在指标的一般量值模式下，借助百分位数方法将指标划分为 10 等级，并按 1～10 分建立评分标准。

通过对 2017 年全国田径大奖赛郑州站 7 名运动员进行指标评分以及综合评分，总体结果显示，运动成绩高的运动员其在技术上的得分也较高，运动成绩与各具体指标的表现并非呈现一一对应关系，但总的技术运动学表现基本与运动成绩相一致。

权重后的综合得分充分展现了各具体指标以及各阶段指标的重要作用，当最后用力阶段得分高时，运动员的总体得分也随之升高。在权重基础上对我国优秀女子标枪运动员的技术运动学表现进行等级划分，7 名运动员中只有一名运动员达到 A+等级。

以全国田径大奖赛郑州站的 7 名运动员为评价对象，从指标得分、综合得分以及等级表现来看，本研究所建立的我国优秀女子标枪运动员的评价标准在实际应用中得到了验证，表明该评价标准可以用于评价运动员的技术运动学表现。

4.4　我国优秀女子标枪运动员技术的运动学诊断

训练实践过程中为改进并提高运动员的竞技水平，使运动员的竞技状态按照教练员制动方向发展，所采取的对训练过程中运动员竞技状态的检查评定，就是运动员现阶段的竞技状态诊断，称之为状态诊断。标枪技术是标枪运动员竞技能力的主要组成部分，最佳技术的发挥需要多年的系统训练，同时在技术长期发展过程中受到各种因素的干扰，如高水平运动员伤病的积累等，意味着需要不断对标枪运动员技术训练进行诊断。德国、芬兰等欧洲国家都具备先进的科技手段为标枪运动员进行系统的综合诊断，而我国标枪运动员在技术诊断方面缺乏系统的科技支撑，多数情况下运动员的技术诊断是靠教练员的主观诊断进行的。作为技术训练过程之一，运动员技术状态诊断是下一训练过程的起点，是提高成绩的关键所在，也是标枪运动员在大赛中稳定发挥的关键。通过科学的技术诊断对现阶段标枪运动员的技术状态进行合理评估，找出影响运动员技术发挥的关键问题，针对关键问题结合阶段性发展目标制订最有效的训练计划，进行技术训练的适当调整，保证训练目标正常运行，从而达到预期结果。

4.4.1 诊断的功能

技术诊断的功能是对运动员技术实施的技术状态进行判断，通过诊断来客观判定运动员的技术现状，确定运动员的技术得分或技术等级，在此基础上找出标枪运动员技术所处的优势与劣势，为接下来技术训练计划的调整与实施提供反馈意见。

4.4.1.1 提高训练积极性

技术诊断在一定程度上提高了运动员的训练积极性。标枪运动员一周内基本安排两次小周期训练，训练内容有微小调整，整体基本一致，长期的训练准备带来精神上和意志上的双重考验，当运动员的技术无法得到突破性进展，比赛成绩不理想时，对运动员进行技术诊断可以清晰地显示其技术上的不足之处，找到问题所在，为运动员提升竞技水平带来新的希望，加强运动员对自身投掷技术的了解，提高训练积极性。

4.4.1.2 行使训练管理的功能

技术状态的诊断一方面提高了教练员对训练的把控，为教练员的整个训练管理工作带来了明确的导向。另一方面，技术状态的诊断有助于运动员选拔评优，通过比较各个运动员的诊断结果，分析运动员各指标间的差异，找出该水平运动员有待提高的技术环节，进而采取有针对性的技术训练。此外，对优秀运动员的技术诊断能够帮助教练员厘清模糊的技术理念,坚定技术训练的导向,提高教练员的执教水平。

4.4.1.3 诊断的监控功能

诊断的监控功能是指诊断可以依据预期的目标制订评价系统和评价标准监控评价对象的变化情况,对于偏离目标的行为及时进行调整,实现对运动员技术训练的有效控制。总之,科学的诊断方法可以为运动员的专项技术训练定标导航。利用诊断鉴定功能,保障技术训练的顺利进行;运用诊断激励改进功能,调动教练员与运动员在运动训练过程中的创造性和积极性,不断提高训练质量;通过检查和监控功能,实现对运动员的有效训练控制。

4.4.2 技术的运动学诊断方法确定

运动技术诊断主要有定性与定量诊断两大类。运动技术的定性分析常用在教学与训练中,教练员通过已有的训练经验以及对所执教项目的理解,依据自身对该项目的理想模型,对观察对象的技术进行定性评价,给出改进的方法与手段,在训练中这类诊断可以快速发现运动员存在的问题,能够进行及时反馈。良好的定性诊断需要诊断者熟悉诊断项目本身以及该项目所依据的科学原理,形成对该项目的理想模型。但在某些情况下,定性诊断会由于诊断者自身的主观性造成诊断的失误或误判。

定量诊断是建立在测量的基础之上,是指研究人员对运动技术进行测量,根据量化数字来评价。对于高水平运动员而言,由于专项技术高度发展,很多情况下仅凭借观察者的肉眼观察很难发现技术中存在的缺陷,这时定量分析依据现代化的测试方法就可以起到辅助作用,借助这些测量方法与手段获取量化技术指标,以数据反映问题。这类方法需要借助测量仪器,需要雄厚的资金支持,一般多在高水平运动员群体中进行。

现代高水平运动技术的诊断过程中,仅依靠单一的诊断方法往往难以解决技术中存在的问题,这就需要将定量诊断与定性诊断相结合,从而达到提供定性与定量的意见,更明确地抓住关键,进一步提升改进技术的效果。本研究在此基础上提出标枪技术诊断的方法是态势诊断与特征画面诊断。态势诊断是依据所具有的我国优秀女子标枪运动员技术的运动学指标体系,以定量的方法对运动员的技术进行诊断；特征画面诊断则是依据标枪项目的技术要点、投掷原理以及教练员训练的实践经验等，对运动员的特征时刻进行定性技术诊断。

4.4.2.1 态势诊断

女子标枪运动员技术评价标准的建立旨在能够为技术训练提供帮助，通过评价结果，获得运动员在技术指标上的评分与等级。为进一步确定运动员各方面的优劣势所在，本研究以我国优秀女子标枪运动员技术的运动学指标体系为诊断资料，进行女子标枪运动员的态势诊断，鉴定我国优秀女子标枪运动员的专项技术水平优势与弱势指标标准。为了更好地呈现运动员的个体态势，本研究采用雷达分析图具体呈现运动员各技术指标的态势并进行判断。诊断标准的建立是依据各指标的"平均值±标准差"来确定，优秀运动员竞技能力结构的组成表明，各个竞技结构组成要素的"平均值±标准差"体现了运动员竞技能力各组成要素的正常范围。因此，我们可以判定当竞技能力某一要素指标不在这一正常范围内时，则该组成要素处于异常状态。低于"平均值−标准差"则说明该指标要素为劣势指标，高于"平均值+标准差"则说明该指标是优势指标。本研究将各项指标的标准值采用运动员各项指标的平均值，各项指标的优势值临界值采用各项指标的平均值加上一个标准差，各项指标的劣势值临界值采用各项指标的平均值减去一个标准差。

一级指标态势。考虑到各一级指标所包含的二级指标数量不同，在建立一级指标的雷达分析时，需要考虑各一级指标的权重。一级指标态势值计算方法为首先求取每个运动员一级指标的权重得分 $M=\sum i \times W_i$，然后计算所有运动员的平均值和标准差，最后求得各一级指标的态势值。

二级指标态势。二级指标的得分则是通过各二级指标的（不加权）平均值和标准差确定。建立每名运动员的一级指标（助跑阶段、转换阶段、最后用力阶段）态势雷达图，根据一级指标态势图建立每名运动员二级指标具体的态势雷达图。一级指标态势雷达图可以从总体上看出运动员在哪个阶段存在优势或劣势，而二级指标态势雷达图则让我们清楚了解到运动员各具体指标的表现。

表4-24所示态势诊断标准是在我国优秀女子标枪运动员技术的运动学指标评分标准基础上确立的，可以看出态势诊断的优势值在6.23~8.74之间，平均值在4.12~6.20之间，劣势值则在2.01~4.29之间。依据上述诊断标准，

我们可以根据某一运动员的具体运动学指标得分来判定该指标的优势或劣势。

表 4-24 运动学指标态势诊断标准(不加权)($n=36$)

运动学指标	优势值	平均值	劣势值
倒数第三步步长	8.00	5.80	3.60
重心速度 A	7.68	5.20	2.72
冲量步步长	8.11	6.20	4.29
重心速度 B	8.01	5.28	2.55
重心移动距离 C—D	8.57	6.00	3.43
最后一步步长	8.35	5.88	3.41
右脚着地时刻躯干倾角	8.74	6.00	3.26
右髋关节速度 C	7.65	5.20	2.75
重心速度 C	8.12	5.52	2.92
右髋关节速度 D	7.86	5.20	2.54
重心速度 D	7.92	5.20	2.48
右膝关节角 D	8.00	5.16	2.32
重心速度 E	7.76	5.28	2.80
右肩关节速度 E	6.23	4.12	2.01
"肩—髋"轴夹角 E	8.02	5.32	2.62
左膝关节角 E	7.76	5.28	2.80
重心速度 F	8.37	5.48	2.59
"肩—髋"轴夹角 F	7.82	5.16	2.50
左膝关节角 F	7.96	5.04	2.12
右肩关节速度 G	8.08	5.32	2.56
右肩关节速度 F	7.92	5.52	3.12
重心速度 G	8.25	5.32	2.39

表 4-25 所示则是在各具体指标得分基础之上，对各指标进行加权后确立的各技术阶段的优势值与劣势值，其中助跑阶段需要 15.90 达到优势值，劣势值为 6.52；转换阶段需要 24.08 达到优势值，劣势值为 8.48；最后用力阶段需

要 32.55 达到优势值,劣势值为 10.71。

表 4-25 一级指标态势(加权)($n=36$)

	助跑阶段	转换阶段	最后用力阶段
优势值	15.90	24.08	32.55
劣势值	6.52	8.48	10.71

表 4-26 所示是在优秀女子标枪运动员技术的运动学诊断标准下得到了 7 名运动员的诊断结果,整体来看随运动成绩的不同,每名运动员的具体指标达到优势值的数量不一,其中李玲蔚优势指标最多,9 个指标处于优势值,但有一个劣势指标。孙小梅优势指标最少,仅为一个。刘诗颖与余玉珍两名运动员没有出现劣势值,可见两人整体技术表现没有出现明显技术缺陷。

表 4-26 7 名运动员具体指标诊断结果

	刘诗颖	李玲蔚	余玉珍	苏玲丹	彭娟红	杜晓玮	孙小梅
倒数第三步步长	优	优			优		优
重心速度 A	优	优	优		优		
冲量步步长		优	优				
重心速度 B		优			优		
重心移动距离 C—D					优	优	
最后一步步长		优			优		
右脚着地时刻躯干作用			优	优	劣		劣
右髋关节速度 C							
重心速度 C		优					
右髋关节速度 D			优	优	劣		
重心速度 D	优					优	劣
右膝关节角 D					劣		
重心速度 E		优					
右肩关节速度 E				优	优		
"肩—髋"轴夹角 E	优			劣		劣	
左膝关节角 E	优	优		优	劣		劣

续表

	刘诗颖	李玲蔚	余玉珍	苏玲丹	彭娟红	杜晓玮	孙小梅
重心速度 F				劣			
"肩—髋"轴夹角 F							劣
左膝关节角 F	优	优					劣
右肩关节速度 G							
右肩关节速度 F	优					劣	
重心速度 G		劣					劣

从运动员整体技术表现来看，余玉珍在助跑阶段表现处于优势值以上；转换阶段最接近优势值的是李玲蔚，其在转换阶段的态势值为23.46，距优势值仅差0.62；最后用力阶段最接近优势值的是刘诗颖，在最后用力阶段的良好表现，使其距离优势值仅差1.39分（表4-27）。由于孙小梅在具体指标上（表4-26）仅有一个运动学指标达到优势值，多个指标处于劣势值，因此可以预见其总体表现不佳，从表4-27来看孙小梅的整体表现较差，各阶段态势值都位居最后一名。

表4-27 加权下7名运动员一级指标态势

	助跑阶段	转换阶段	最后用力阶段
优势值	15.90	24.08	32.55
劣势值	6.52	8.48	10.71
刘诗颖	15.00	19.22	31.16
李玲蔚	14.87	23.46	20.94
余玉珍	16.52	19.71	20.93
苏玲丹	12.00	16.64	21.76
彭娟红	15.00	14.79	19.94
杜晓玮	13.96	19.32	18.66
孙小梅	11.83	10.68	15.07

借助雷达图可以更加形象地看出运动员各级指标的具体表现，以杜晓玮为例，我们将其22项具体运动学指标依据态势诊断标准建立雷达图，从图

4-28中可以看出其共有两项指标位于劣势值以下,有两项指标处于优势值以上,多项指标处于平均水平。通过雷达图能清楚地看到其各指标的具体表现,进而采取有针对性的措施调整技术训练。

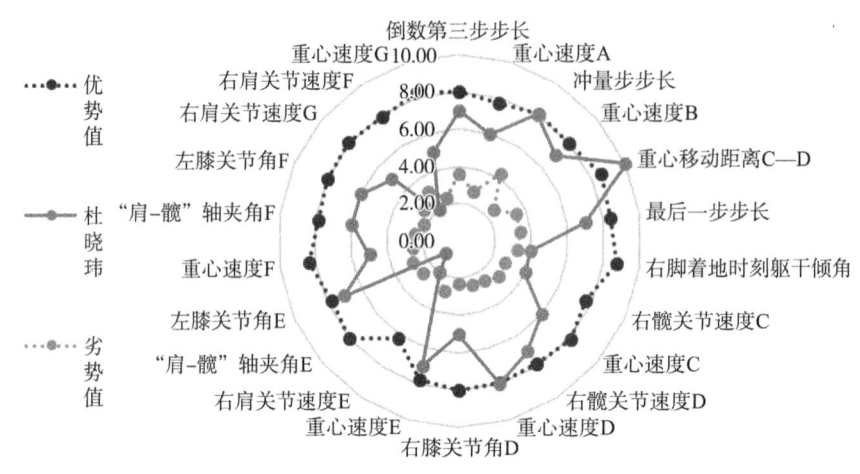

图 4-28　杜晓玮态势诊断图

4.4.2.2　特征画面诊断法

以理想技术模型为准则,对评价运动员采取定性与定量相结合的方式进行技术诊断。评价者或教练员根据已有标枪实践与理论知识,综合多学科的知识进行诊断,进行优秀运动员技术诊断时是在具有一定的理想模型下,以某一优秀运动员关键技术动作为基准,对所诊断对象进行定性与定量综合诊断。特征画面诊断是运动技术诊断的常用方法,它是根据运动项目技术的关键点及运动员的实际训练需求和个性特征来确定需要诊断的技术内容。采用这种技术诊断方法的依据是高水平运动员的技术模式更合理,其经常被用于运动员的技术细节或关键点的诊断,诊断过程简捷、针对性强,当某一项目的运动成绩出现突破性进展时,采用这种技术诊断方法能快速发现被关注运动员的技术缺陷。该方法可以建立在态势诊断法的基础上,对运动员的具体指标进行确认,也可根据教练员及运动员需要提取相关指标进行诊断。

结合前面章节所述内容,将标枪技术关键要点进行汇总,得出掷标枪的理想技术模式(表4-28)。

表 4-28 标枪关键技术要点

阶段	关键点	准则
周期助跑	跑步式助跑,躯干正直,平稳加速,富有节奏、弹性	建立基础速度
"引枪"	保持枪尖稳定于眉骨位置,投掷臂位于肩部高度,肘关节伸展	平稳过渡,减少速度丢失
非周期性助跑/交叉步	保持"肩轴""髋轴"与地面平行,指向投掷方向;掌心朝上,腕关节微屈与投掷臂处于同一平面;投掷臂与"肩轴"高度保持一致;自由臂牢牢"锁住"躯干位置,下肢引领身体向前运动,积极主动	维持或提高助跑速度,保持正确的身体姿势
冲量步	保持"肩轴""髋轴"指向投掷方向,自由臂牢牢"锁住""肩轴",左肩内旋,在小臂于胸前折叠摆动;投掷臂维持伸展状态,保持投掷臂高度与枪尖位置稳定,冲量步"低、长、快"	平稳过渡,维持助跑速度、躯干姿势,减少落地时速度丢失,下肢动作积极
(最后一步)右脚着地	右脚前脚掌约 45 度方向着地,防止躯干倾角过大,重心位于右脚垂直线或偏后位置;着地同时即已开始转髋,右膝屈膝向前向下,踝关节顺势内翻。脚跟向外,髋、膝关节超越踝关节,下肢继续引领躯干与上肢,左腿积极前伸	维持身体姿势,快速过渡至双支撑,维持动量
右脚向左脚转换	转换过程保持头部、"肩轴"、投掷臂、标枪的位置;投掷臂尽可能保持伸展、放松状态;避免右膝关节角过多伸展,否则会使髋关节向上运动,躯干出现前倾且超越髋关节;髋关节快速有力内旋,带来肩关节的旋转,产生动量并上传至上肢;自由臂在制动前处于伸展状态,指向投掷方向,与地面平行,掌心朝外,拇指朝下;右脚于地面"滑行"	下肢超越躯干与上肢,建立"满弓"
最后用力	肩关节、肘关节上旋同时,腕关节内旋,掌心朝内;头部仍处于胸部后面,胸部向前向上,维持"满弓"姿势;左肩与投掷臂形成直角,左臂保持在躯干位置;左腿为"鞭打"创造稳固支撑基础;投掷臂长度及脚下最佳的投掷基础创造最长的加速距离与"鞭打"效应;沿标枪纵轴用力	创造最佳出手条件

4.4.3 运动技术诊断应用

本节诊断对象为吕会会和张莉两名运动员,依据优秀女子标枪运动员指标评价体系,对两名运动员的技术录像进行分析,同时结合标枪投掷技术原理、教练员与运动员自身经验,寻找两名运动员各自技术存在的主要症结,提出具有针对性的反馈意见,对两名运动员的技术训练提供建议。两名运动员基本情况如表4-29所示。

表4-29 两名运动员基本情况

姓名	年龄(岁)	身高(米)	体重(千克)	训练年限(年)	最好成绩(米)	代表队	教练
吕会会	28	1.70	65	16	67.59	湖北队	吕刚
张莉	28	1.75	76	18	65.47	八一队	嘉里

作为我国女子标枪项目的优秀运动员,张莉和吕会会都曾取得优异的成绩,刷新女子标枪亚洲纪录,先后代表国家参加奥运会。张莉分别在2008年和2012年参加奥运会,于2014年仁川亚运会创造65.47米个人最好成绩,同时打破亚洲纪录。但在随后的几个赛季,伤病影响以及训练缺乏系统性,导致其成绩无明显起色。在2016年奥运会,其成绩始终无法突破62米大关,达奥运A标,2017年赛季初期成绩继续下滑,多数成绩在55米以下(图4-29)。

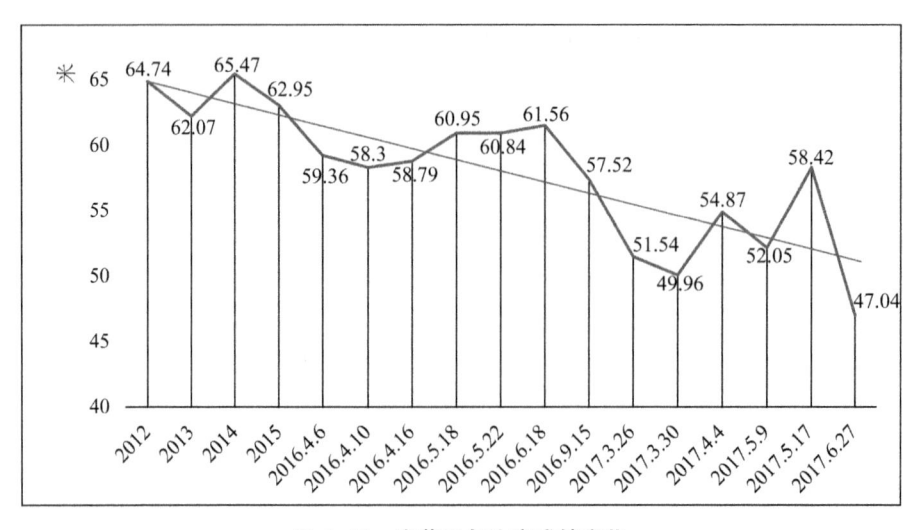

图4-29 张莉近年比赛成绩变化

吕会会分别在 2012 年和 2016 年参加奥运会,于 2015 年北京世锦赛创造个人最好成绩 66.13 米,创造了新的亚洲纪录,获得世锦赛银牌。2016 年吕会会备战里约奥运会第一周期,训练及比赛都表现不佳,无法找到自身良好的训练感觉;第二周期经过较大的调整训练,尽管成绩有所上升,但依旧无法达到其理想水平,最终里约奥运会表现平平。2017 年,赛季初其竞技状态依然无明显起色(图 4-30)。两名运动员在最佳竞技年龄阶段,运动成绩无法实现进一步突破,甚至出现一定程度的下滑。如何对训练进行调控,使其竞技状态重回正轨,是两名运动员亟须解决的问题。

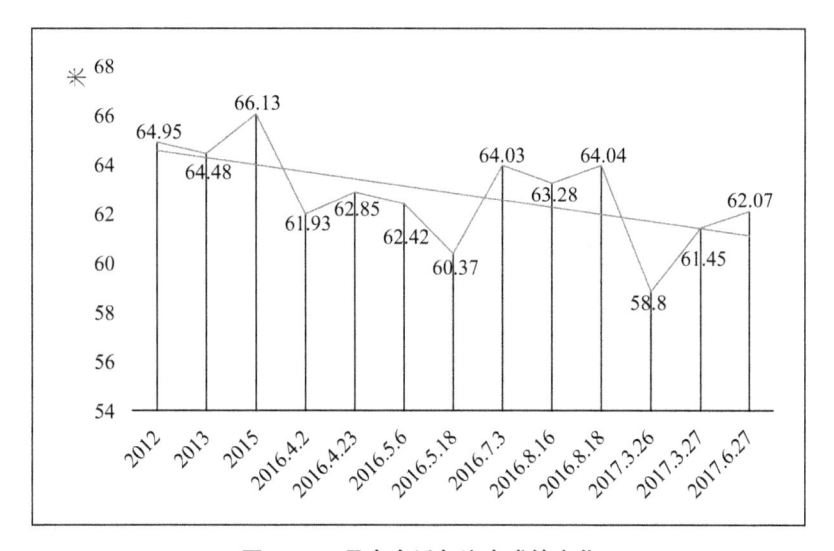

图 4-30　吕会会近年比赛成绩变化

4.4.3.1　个体态势诊断

以两名运动员最好一投比赛录像的技术表现进行诊断,首先获取两名运动员 22 项技术指标,确认两名运动员 3 个技术阶段的态势值,在此基础上对比优秀女子标枪运动员技术的运动学诊断标准,对两名运动员整体上的技术表现进行判断(表 3-30)。

表 4-30　张莉与吕会会一级指标态势诊断

	助跑阶段	转换阶段	最后用力阶段
优势值	15.90	24.08	32.55
劣势值	6.52	8.48	10.71
吕会会	14.40	22.28	25.27
张莉	12.04	19.20	30.09

1）张莉态势诊断

对运动员 3 个主要技术阶段的得分（权重）进行统计，从总体上探究运动员在各主要技术阶段的表现，并对其 3 个技术阶段的得分分别建立雷达图。根据图 4-31 可以看出，张莉主要在助跑阶段和转换阶段与优势值存在一定的差距，最后用力阶段表现与优势值相近，说明其在最后用力阶段表现良好，在助跑阶段与转换阶段存在一定的不足。因此可以判断出张莉的技术问题主要出在助跑与转换阶段，为了进一步探究张莉在这两个技术阶段的具体表现，我们对其在这两个阶段下的具体指标进行统计，并建立雷达图（图 4-32、图 4-33）。

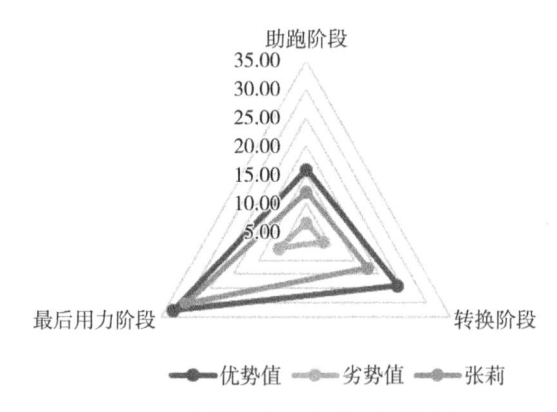

图 4-31　张莉技术运动学综合态势诊断

从其助跑阶段雷达图（图 4-32）可以看出，张莉在"倒数第三步步长"表现最佳，达到优势值，在"重心速度 A"与"重心速度 B"两个运动学指标上表现良好，而在"冲量步步长"这一指标上表现较差。冲量步步长是从助跑阶段过渡到

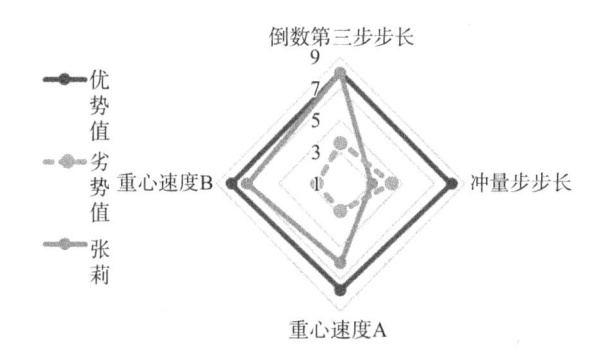

图 4-32　张莉技术运动学助跑阶段态势诊断

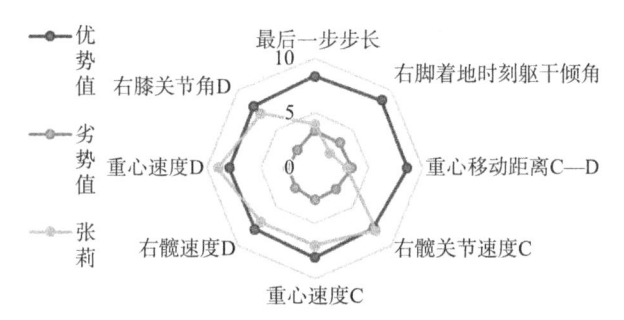

图 4-33　张莉技术运动学转换阶段态势诊断

转换阶段的一步,在这一步运动员需要积极摆动下肢,为自己建立一个良好的落地姿势,在冲量步过程中借助较长的步幅运动员左腿快速超越右腿,使右脚落地时左脚能快速着地,减少最后一步左脚着地时间,这意味着下肢能快速超越躯干与上肢,从而使下肢肌群动量有序传递至上肢以及标枪。从张莉特征画面(图 4-39 画面 C)中我们也可以观察到张莉右脚着地时刻,左脚超越右脚的幅度相较于斯波塔科娃小(图 4-38 画面 C)。因此可以预判,较短的冲量步步长在一定程度上会影响张莉转换阶段以及最后用力阶段的动作。

此外,倒数第三步步长、冲量步步长、重心移动距离 C—D 作为反映运动员身体姿势的重要指标,运动员在冲量步这一步需要较大的步长来为接下来的单支撑以及最后用力建立良好的身体姿势,在这一步过程中右腿主动蹬伸,推动身体继续向前,同时左腿积极前摆,下肢的主动性使躯干后倾,保障了一个较长的加速路线。但如果这一步的步幅过小,运动员没有足够的时间进行良好投掷姿势的建立,会导致最后一步右脚着地后躯干后倾角度过大,从而造成重心速度的损失以及投掷姿势的破坏。

从图 4-33 中我们可以看出,张莉的右脚着地时刻躯干倾角处在劣势值范围内。人体对地面的作用力同样也会反作用于人体,当右脚着地后与地面形成的夹角较大时,所受到的向后的作用力增加,不利于身体速度的保持或加速,这在一定程度上解释了张莉在"重心移动距离 C—D"得分低的原因。在转换阶段,张莉存在的另外一个技术问题是最后一步步幅过小,左脚步幅小意味着左腿着地时制动角度大,左脚前伸幅度不足,导致"满弓"动作不充分,躯干亦向前倾,下肢动量利用率下降,在右髋关节未充分旋转的情况下便开始上肢发力投枪。

2)吕会会态势诊断

依据相同的诊断思路,我们对吕会会在各技术阶段的总体态势表现建立雷达图。从图 4-34 中可以看出,吕会会在助跑阶段的表现已接近优势值,在转换阶段表现稍有不足,而最后用力阶段的表现最差,因此我们分别对其在转换阶段与最后用力阶段的具体运动学表现开展进一步诊断。

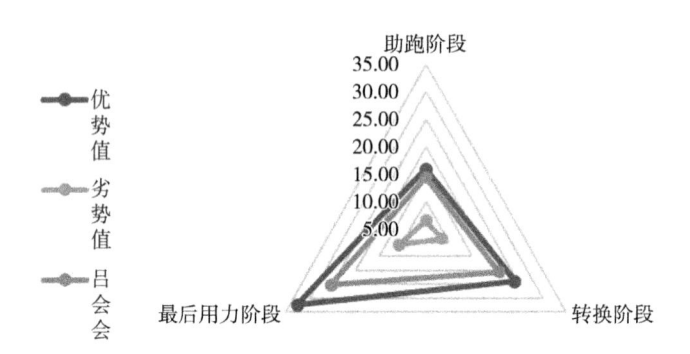

图 4-34　吕会会技术运动学综合态势诊断

首先,从吕会会转换阶段(图 4-35)的态势表现来看,转换阶段 8 个技术运动学指标中,只有右脚着地时刻躯干倾角偏离优势值较大,虽然距劣势值有一定距离,但该指标得分仅为 5 分,明显低于其他指标。从吕会会转换阶段特征画面(图 4-40)也可以看到其在右脚着地时躯干后倾角度稍偏大,受作用力与反作用力的影响,后倾角度偏大在一定程度上会影响运动员的重心速度,最先受到影响的是下肢行进速度,右脚受到较大的向投掷反方向的作用力,使其受困于地面作用,这有可能会造成下肢速度"落后"于躯干以及上肢速度,导致上肢过早加速现象的出现。

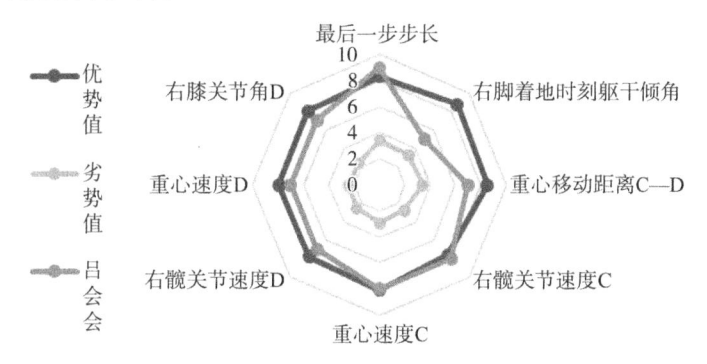

图 4-35 吕会会技术运动学转换阶段态势诊断

其次,从最后用力阶段(图 4-36)的态势表现来看,吕会会主要在 3 个指标上存在问题,"肩—髋轴夹角 E"、"肩—髋轴夹角 F"以及"右肩关节速度 F",可见其在身体不同环节用力方面仍有待提高。投掷活动涉及身体的许多环节,各环节通过肌肉与相邻关节连接,并通过复杂的力的相互作用对远端环节的速度产生贡献。人体模型异常复杂,包含肌肉的力—速度关系,对于投掷项目运动员来说始终要面对的问题就是,如何将众多的身体环节中的肌肉活动顺序以有序的调节进行调动。投掷运动员运动过程中,不同环节会适时加入运动的肌肉顺序活动,运动由大肌肉群产生,随后速度较快的小肌群以及肢体末端肌群依次活动。

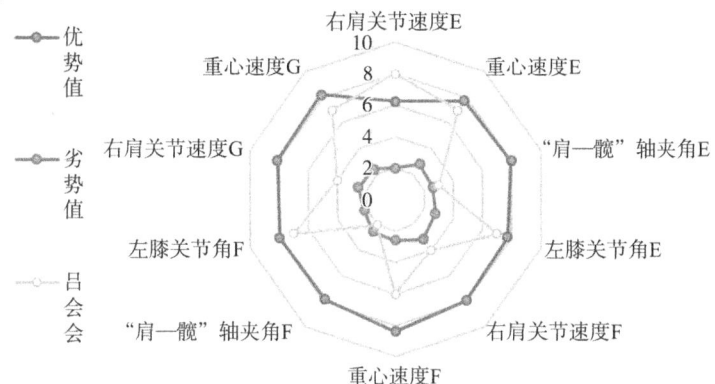

图 4-36 吕会会技术运动学最后用力阶段态势诊断

随着运动环节的范围增大,整个运动的速度增加。运动员的身体可视为关节将一系列不同质量的环节串联而成的,且受神经肌肉系统控制的运动链系统。从生物力学角度来看,运动的实现是绕关节周围肌肉的牵拉力矩和外力相互作用的结果。前者主要是能量转换,后者是指标枪和肢体的转动惯量和重力。简而言之,掷标枪主要是双腿、躯干、左臂和投掷臂的运动。如何完美地将力传递至标枪,需要运动员具备较高的身体协调性,它涉及对身体不同环节动作在恰当时间的聚集。

最后一步左脚着地后为了保证下肢动量传递,躯干应保持适当后倾姿势,待髋关节充分旋转后使下肢与躯干以及投掷臂形成扭紧状态,因此肩关节轴与髋关节轴形成一定的夹角,角度越大说明躯干延缓能力越好,反之则越差。吕会会在助跑阶段与转换阶段拥有较快的加速能力,但在最后用力阶段由于躯干过早前倾,右侧髋关节在未充分旋转的情况下,躯干即已超过下肢,最终导致出手过早。此外,吕会会右肩速度偏低,进一步说明其躯干过早前倾,未能充分利用下肢加速优势。

4.4.3.2 运动员特征画面诊断

以张莉和吕会会两名优秀运动员的特征画面进行技术诊断,以世界纪录保持者斯波塔科娃技术模型作为对比。斯波塔科娃基本情况如表4-31所示。

表4-31 斯波塔科娃基本情况

姓名	年龄(岁)	身高(米)	体重(千克)	训练年限(年)	最好成绩(米)	国家	教练
斯波塔科娃	36	1.82	79	13	72.28	捷克	泽莱兹尼

运动生涯早期斯波塔科娃是七项全能运动员(表4-31),2004年开始在泽莱兹尼的指导下专门从事标枪项目的训练,短短几年中其成绩迅速上升,她分别获得北京奥运会和伦敦奥运会该项目金牌;36岁高龄的斯波塔科娃依然发挥出色,获得伦敦世锦赛金牌(图4-37)。本研究以其在2008年斯图加特世界田径总决赛创造的72.28米成绩的技术动作为模板,对国内两名优秀运动员在同一时刻的技术动作进行对比分析(图4-38)。

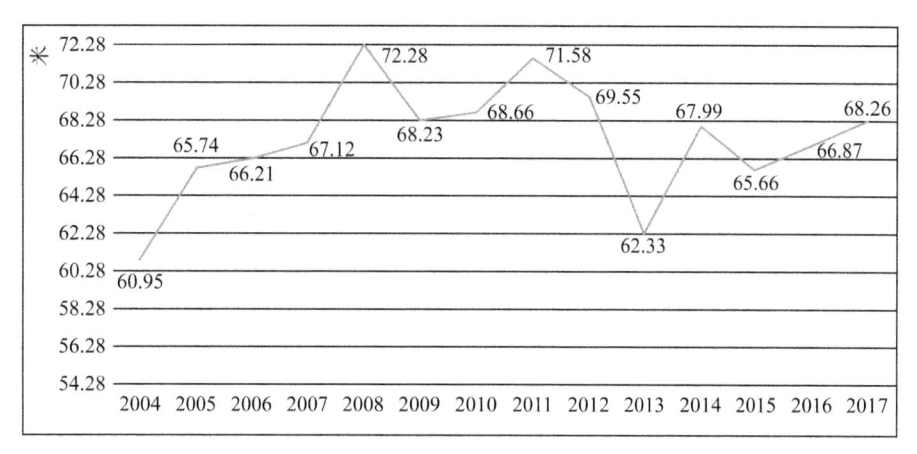

图 4-37 斯波塔科娃历年运动成绩变化

图 4-38 斯波塔科娃特征画面技术图

1)张莉特征画面诊断(图 4-39)

运动学量化指标能够帮助我们发现运动员在某些指标上存在的技术缺陷,而运动员特征画面诊断则可以进一步帮助我们观察、分析该指标下运动员所呈现的技术动作。在"时刻 A"右脚离地瞬间,张莉左腿积极性相对较差,右腿蹬伸以及左腿伸展能力不足,可以看到其左脚抬起的高度相对较低,所带来的结果是左腿前伸不足导致其左脚快速着地,再从躯干倾斜角度看(图 4-40),"时刻 A"其躯干已经开始出现较大的后倾,而正确的技术动作要求(表 4-28)是

图 4-39 张莉特征画面技术图

"肩轴""髋轴"应与地面保持平行,躯干无明显倾斜。不同运动员之间也存在个性特征,一般认为身体重心应在右脚垂直线位置附近,重心距垂直线太过靠前或靠后都会影响随后的技术动作,重心太靠后,向后的地面反作用力增加,距离增加,导致速度丢失;重心太靠前,躯干在惯性作用下(相对于下肢)过早前移,不利于下肢动量利用。当躯干出现倾斜时,在左脚着地时身体重心处于左脚垂直线后方,产生向后的地面反作用力,带来向后的阻力,不利于运动员继续保持速度甚至加速。从另一个角度看,在"时刻B"左脚离地瞬间,躯干后倾角度进一步加大,右膝关节摆动幅度过小,最终导致步幅较小,仅为0.9米。

图 4-40 张莉躯干姿势变化示意图

斯波塔科娃在"时刻C"右膝关节超出右脚垂直线,重心以及左肩关节基本位于垂直线上,反观张莉,由于冲量步右脚着地,在较小步幅的情况下,运动员无法充分调整身体姿势,右膝关节与右脚垂直线形成一定的后倾角度,身体绝大部分（包括重心）位于右脚垂直线后，躯干后倾角度过大，达到 31.8 度，右脚着地时刻的地面反作用力达到身体的 2.3 倍，过大的躯干倾角必然会带来重心速度的丢失。

"时刻 D"是右膝最大缓冲时刻，运动员髋、膝、踝关节应快速转动，髋关节、踝关节向投掷方向迅速转动，髋关节、踝关节从面对投掷方向的 45 度方向逆时针转动至投掷方向，膝关节向前向下运动。

由"时刻 C"至"时刻 D"，斯波塔科娃在"时刻 C"髋、膝、踝关节向投掷方向进行转动，在"时刻 D"右腿快速转动，使其髋、膝、踝关节已转至投掷方向。张莉在"时刻 C"，虽然右脚着地姿势与投掷方向为 45 度夹角，但是由于后倾角度偏大，以及右腿转动积极性不足，而躯干与上肢关节在助跑速度下快速向前运动，最终导致躯干与上肢关节移动速度超过下肢，因此在"时刻 D"我们可以看到其身体重心已向前移动至右脚垂直线上，从"时刻 C"至"时刻 D"，膝关节角度无明显变化，右膝关节仍在右脚垂直线上，而斯波塔科娃右膝关节位置已超越右脚位置向前向下运动。而张莉右踝关节与投掷方向的夹角由"时刻 C"的约 45 度方向变成约 90 度方向，出现典型的"拖拽"动作，当右脚与投掷方向成较大夹角时，跖屈肌无法进行加速且在左腿向前运动下会给髋关节带来强有力的牵拉动作，若此时右脚位置与投掷方向夹角过大，髋关节便无法进行转动，产生被动向前运动。因此，在"时刻 C"至"时刻 D"，张莉右腿动作积极性不足，这是由于躯干过大的后倾角度以及下肢积极性不足共同导致的结果。此外，在"时刻 D"我们还可以观察到左右脚之间的间距，斯波塔科娃在"时刻 D"，左膝关节已充分伸展并寻求着地，而张莉左膝关节仍处于屈曲状态，这在一定程度上说明，由于下肢积极性不足，为了缩短下肢着地时间，张莉采用缩短步幅的方式尽快着地。

在投掷运动中，由于关节与周边组织相连，骨骼可以产生一个或更多的运动方向，关节的运动范围很广，从肩胛带至手指包含 17 个自由度，自由度越多能量消耗越多，肌肉利用效率越低，人体中存在着大量关节肌群说明了运动技能学习的必要性。常有运动员在投掷标枪时动作仅追求"快"，但没有充分拉伸各环节肌群，投掷臂出手过早，而事实是投掷臂应尽可能的"延缓"，"延缓"能力越好其运动成绩越好，受到"时刻 C"下肢积极性与躯干角度的影响，张莉右肘屈肘现象明显，上肢过早发力，投掷臂"延缓"能力较差，因此最终的结果是张莉下肢主动加速能力不足,"时刻 C"躯干后倾角度大,"时刻 D"躯干在助跑速度惯性作用下迅速前移,导致"时刻 E"左脚着地瞬间上肢发力过早。

从"时刻 F"动作来看,张莉右肘关节能够更好地留在躯干之后,"满弓"动作建立良好,右臂能够更好地留在躯干后方,但右腿动作积极性不足,而斯波塔科娃在"时刻 E"至"时刻 F"右踝关节一直在发生变化,这也说明张莉转髋积极性仍有待提升。

持枪位置变化(图 4-41):从"引枪"交叉步开始,右手高度不能低于肩关节,枪尖应保持在眉骨位置不变,否则会带来出手参数的变化。张莉从"时刻 A"至"时刻 F"枪尖位置逐渐发生变化,在"时刻 A",枪尖基本"贴于"眉骨位置,而随着身体的行进,在"时刻 D"和"时刻 F",前后标枪的位置已发生明显变化(上升 10 度),最终从出手角度来看,张莉的出手角度达到 41 度。

图 4-41 张莉持枪位置变化示意图

2) 吕会会特征画面诊断(图 4-42)

在"时刻 A"吕会会下肢蹬伸积极,右腿蹬伸与左腿动作积极,躯干姿势保持良好,未出现躯干倾斜现象。尽管吕会会冲量步步幅较大,但在"时刻 B"左脚离地瞬间,她的右膝关节前摆能力不足,右膝关节、右脚与投掷方向的夹角较大,而斯波塔科娃在此时右膝及右脚与投掷方向的夹角更小一些。在冲量步落地时("时刻 C"),其落地姿势同张莉相一致,躯干倾斜较明显,整个躯干、上肢以及右腿都在右脚垂直线之后,吕会会右膝角度为 156 度,"硬支撑"现象较明显,所带来的结果是更大的地面反作用力。冲量步右脚着地瞬间由于躯干后倾以及巨大的负荷作用,会使重心速度下降,为减少右脚着地后重心速度的下降,教练员会建议运动员采取"坐姿"或"软支撑"的动作,即要求右脚着地时膝关节进

图 4-42　吕会会特征画面技术图

行一定的缓冲，并顺势向前运动，以此减少重心速度的损失。吕会会右脚着地时膝关节角度过大，且右膝关节点位于右脚垂直线之后，这会产生巨大的反作用力，在一定程度上降低助跑速度。

在"时刻 D"，同样由于躯干后倾角度较大以及下肢主动加速能力不足，巨大的地面反作用力导致在这一时刻身体重心仍未移过右脚垂直线，存在较大躯干倾斜角度，在这一时刻除右膝关节角度发生明显变化外，髋、膝、踝关节基本没有进行旋转，与投掷方向所呈现的夹角基本与"时刻 C"角度保持一致，仍为 45 度，右脚"困"于地面，未能进行积极的转动动作。而斯波塔科娃在相同时刻髋、膝、踝关节已转动至与投掷方向相一致，其在这一时刻右膝关节已出现明显的向前下方的移动变化，而吕会会右膝关节的移动轨迹基本与地面平行。因此，在下肢未进行主动加速且助跑速度被进一步降低的情况下，躯干在惯性作用下迅速前移，左腿在较差的身体姿势下，无法做到快速前移、快速着地。

从特征画面（图 4-43）的对比来看，在"时刻 E"两名运动员右髋关节动作基本一致，右髋关节已由之前的平行于投掷方向开始转入垂直于投掷方向，右踝关节从"时刻 C"开始进行积极"蹬转"，踝关节"外翻"，脚跟"朝上"，两名运动员膝关节随髋关节保持一致，朝投掷方向进行转动。从"时刻 F"来看，两名运动员的"转髋"动作有所不同，斯波塔科娃在此时刻髋关节、膝关节仍在积极内旋，由前脚掌着地转入脚外侧着地；而吕会会髋、膝关节"内旋"不够积极，髋

(a)吕会会

(b)斯波塔科娃

图 4-43　运动员转髋能力研究

关节与投掷方向基本保持平行，从"时刻 E"至"时刻 F"，其髋关节"内旋"幅度较低，脚跟依然朝上。再从"时刻 G"来看，两名运动员"转髋"能力的差距被进一步放大，斯波塔科娃髋关节与膝关节"内旋"程度进一步加大，由前脚掌着地已转至由脚外侧着地，这是右侧髋、膝、踝关节积极转动的结果。而吕会会从"时刻 E"至"时刻 G"其踝关节与膝关节动作变化不大，髋关节有一定程度的"内旋"，但稍显不足，且躯干与上肢的动作要快于下肢动作，这在一定程度上影响了下肢动量的传递，导致吕会会未形成强有力的"满弓"动作（时刻 F）。因此，吕会会一方面由于下肢主动能力不足，另一方面躯干与上肢加速过早，最终导致躯干与上肢关节肌群无法充分预先拉伸、拉长－缩短周期等利用不足，体能优势发挥有限，"髋轴"与"肩轴"形成夹角小，仅依靠上肢部分肌群加速，这也是吕会会肩关节速度较低的原因。

4.4.3.3　运动技术诊断结果决策与反馈

决策是指诊断人员综合诊断结果做出相应的改进策略或措施，是对诊断结果提出建议和改进方法或手段的过程。诊断决策过程包含着对运动员相关资料的搜集与提炼，并得出最终的结论。技术诊断过程的决策就是指根据已获得的运动学指标，对运动员技术诊断结果进行综合判断，得出结论、提出建议的过程。在一个闭环控制系统中,反馈是将处理或变换之后的信号再作用于信号发生源,改变信号源的某种特性,由此也改变了信号的性质。同样,在技术训练水平诊断系统中,反馈是将技术诊断结果所暗含的训练意义以有效手段作用于训练对象,使其技术训练状态按预期效果发生改变。因此,技术训练水平诊断系统的反馈环节不仅是将诊断意见提交给教练员,还必须考虑诊断意见的形式、教练员和运动员对反馈信息的可接受程度、诊断意见是否具有实践可操作性等。对上述问题的有效解决直接决定着反馈环节的工作效率。类比于模拟系统,技术训练水平诊断系统的反馈环节主要由三方面组成,即反馈信息提供者、反馈信息接受者和信息传输通道。反馈信息提供者是诊断决策环节的输出,反馈信息接受者为运动员,研究者和教练员是信息传输通道的重要结构。它们之间的不同组合可以获得多种反馈形式,从而也为提高反馈效率提供了途径(表4-32)。

表4-32 两名运动员的技术反馈

	反馈日期	技术阶段	具体指标	主要技术问题	建议
张莉	2017.7.2	助跑阶段、转换阶段	第二步步长、重心移动距离C—D、右脚着地躯干倾角、第三步步长	上肢:躯干后倾角度过大,上肢加速早,标枪姿势发生变化,稳定性不足;下肢:主动加速能力不足;动作幅度小;右脚着地后转动能力差,造成助跑速度丢失;躯干过早前移;左腿主动伸展能力差	加强下肢动作练习,提高爆发力,优化冲量步右膝关节前摆动动作,调整右脚着地时躯干姿势,加强着地时迅速"转髋"与躯干"预留"意识,右膝关节向下向前运动
吕会会	2017.6.11	转换阶段、最后用力阶段	躯干倾角、"肩—髋"轴夹角E、"肩—髋"轴夹角F、右肩关节速度F	右腿动作:冲量步右膝关节前摆不足,躯干后倾角度大,冲量步右脚着地膝关节角度偏大,右髋关节转动能力差,上肢加速过早	转变技术理念,提高"冲量步"右膝摆动能力,调整"冲量步"落地姿势,加强右腿积极转动能力,同时提高躯干与投掷臂"延缓"能力与意识

反馈最早来源于控制论,是控制论的核心问题。在认识论中,反馈有助于对主观是否符合客观进行更好的判断,认识过程需要经历物质到精神、精神到物质的反复过程,也同样需要经历从实践到认识再从认识到实践的反复过程。反馈在这一反复过程中起到纽带的作用,通过反馈达到主客观的统一,实现认

识最优化。在运动技术训练领域,通过外界对于技术动作结果进行加工处理,使运动员通过外在的技术信息反馈,对自身的技术动作进行重新定位,并能够为改进技术动作提供辅助信息,实现技术动作的最优调控,采取决策实现最优结果。本研究以态势诊断与优秀运动员模型诊断对两名运动员技术诊断结果进行决策与反馈,并以表格与图片的形式向教练员与运动员展示。

对所得出的运动员技术运动学结果进行反馈,同时结合教练员与运动员自身对于技术的理解,对技术动作存在的问题进行进一步的判断。综合教练员对于训练理念的理解以及运动员自身的感受,分析运动员技术存在的关键问题,对训练手段进行调整优化。吕会会与张莉技术训练调整如表4-33、表4-34所示。

表4-33 优秀女子标枪运动员吕会会技术调整

技术训练	练习内容	强调重点
室外投枪	原地投、上步投、半程投	调整右脚落地时躯干姿势,强调右侧"转髋"的积极性;缩短助跑距离,采取6步助跑投枪
室内技术模仿	持枪加速跑、交叉步节奏跑、半程节奏跑、原地"转髋"练习、助跑后"转髋"练习	注重基本动作练习;强调各个环节技术动作细节,如助跑节奏、连贯性;右髋关节转动能力以及躯干姿势保持

针对运动员存在的问题,两名教练员都采取相应的措施进行技术调整。吕会会的技术训练课主要由室外投枪和室内技术模仿组成。由于吕会会在较高的助跑速度下未能提高利用效率,且结合自身对助跑训练的感受,教练吕刚决定将吕会会的助跑由原来的10步改为6步,缩短助跑距离,基本采用半程助跑,降低助跑速度,更加强调交叉步后程下肢的主动性。为帮助其寻找技术感觉,注重基本动作的练习。此外,训练中不断调整右脚着地时的身体姿势,强调右髋关节的"转髋"能力,同时加强训练意识,强调躯干的"延缓"意识。吕会会于伦敦世锦赛比赛中采取6步助跑投枪,短程助跑距离使其能够具有更好的节奏,在相对较低的助跑速度下,她能够更好地利用下肢主动性,预赛中第一枪出人意料地投出67.59米,打破个人最好成绩,创造新的亚运会纪录,世锦赛决赛中其以65.26米获得世锦赛铜牌。在3周后的13届全运会中吕会会同样采取6步助跑投枪,并以62.70米获得亚军。

表 4-34　优秀女子标枪运动员张莉技术调整

技术训练	练习内容	强调重点
室外投枪	原地投、上步投、半程投、全程投	右脚着地时右侧肩关节适当外展 躯干适当延缓，右髋关节转动充分，最后一步步幅适度增加，右脚落地呈 45 度
室内技术模仿	持枪节奏跑、交叉步练习	冲量步与最后一步步幅增加，合理化助跑节奏，提高下肢主动性
室内投球	坐姿单手推实心球、站姿单手推球、上步单手推球、上步双手推球	强调右髋关节转动能力，保持躯干姿势

由于受到右膝关节与右肩关节伤病的影响，张莉多数训练始终难以保持系统性，后期开始正式跟随外教嘉里进行训练，且每周只能进行一次室外技术训练课，全运会前其与外教共进行了 5 次室外投枪，训练重点集中于下肢动作与右脚着地时身体姿势的纠正。外教针对张莉每一投的技术动作出现的问题让其反复练习，每一堂训练课主要集中于 1~2 个问题进行调整。倒数第二步冲量步左脚着地，要求运动员主动着地，扒地下压，随后右腿膝关节抬起领先于左腿，使这一步有较长的步长与腾空。右脚着地时强调着地角度，右脚落地位置应与投掷方向呈 45 度，此时身体重心落在右脚前脚掌，左肩应处在右脚垂直线上。对于"转髋"时机，强调右脚落地时即已开始转髋，转髋幅度以右脚外旋、脚外侧触地为标志，保持右膝关节角度，膝关节向地面方向运动。左侧躯干制动时，左手以拇指朝下、掌心向外垂直"下拉"转入拇指向上、掌心向内运动于躯干左侧腰部位置。在全运会中，张莉以 61.32 米的成绩获得全运会第 3 名，取得了近两年来的个人最好成绩。

对两名运动员的技术运动学诊断结果进行反馈，帮助教练员与运动员明确了技术中存在的问题，以量化形式辅助教练员解开技术理念中存在的疑惑，使运动员的技术训练过程更具目的性，提高了技术训练效果。

4.4.4　小结

标枪运动技术诊断具有提高训练积极性、行使训练管理以及监控的功能。

标枪运动技术诊断采用定性与定量相结合的方法，具体为态势诊断和运动员特征画面诊断。在优秀女子标枪运动员技术的运动学评分标准基础之上，构建了我国优秀女子标枪运动员技术运动学的态势诊断标准,通过态势诊断对7名运动员技术运动学进行了判断;通过标枪理想技术模型提出了优秀标枪运动员的关键技术要点,以此作为特征画面诊断的基础。

对张莉和吕会会两名运动员进行技术诊断应用,在态势诊断的基础上,得出张莉主要在助跑阶段和转换阶段存在明显的技术问题,具体表现在冲量步步长、重心移动距离 C—D、右脚着地躯干倾角以及最后一步步长。吕会会在转换阶段和最后用力阶段存在主要问题,主要表现在右脚着地时刻躯干倾角、"肩—髋"轴夹角 E、"肩—髋"轴夹角 F 以及右肩速度 F。

特征画面诊断表明张莉躯干后倾角度偏大,上肢加速早,标枪姿势发生变化,稳定性不足,下肢主动加速能力不足,动作幅度小,右脚着地后转动能力差,躯干过早前移,左腿主动伸展能力差。吕会会冲量步右膝关节前摆不足,躯干后倾角度较大,冲量步右脚着地膝关节角度偏大,右腿转动能力差,上肢加速过早。

通过对两名运动员技术诊断结果的决策与反馈,各自教练员分别对技术存在的主要问题进行了针对性调整,且取得了一定的成效,证实了运动技术诊断的实用价值与科学性。

5 结论

5.1 研究结论

（1）在标枪技术评价与诊断理论基础上确立了以运动员最后三步作为研究范围，研究范围共分为助跑阶段、转换阶段以及最后用力阶段，3个技术阶段共包含7个技术特征时刻。

（2）优秀女子标枪运动员技术运动学指标体系由3个技术阶段下的22项具体技术运动学指标所构成。其中助跑阶段包含重心速度A、重心速度B、倒数第三步步长及冲量步步长4项运动学指标；转换阶段包含右髋关节速度C、重心速度C、右髋关节速度D、重心速度D、最后一步步长、重心移动距离C—D、右膝关节角D及右脚着地时刻躯干倾角8项运动学指标；最后用力阶段包含 右肩关节速度E、重心速度E、右肩关节速度F、重心速度F、右肩关节速度G、重心速度G、"肩—髋"轴夹角F、"肩—髋"轴夹角E、左膝关节角E及左膝关节角F10项运动学指标。三个阶段权重分别为助跑阶段(0.13)、转换阶段(0.16)以及最后用力阶段(0.71)。

（3）采用百分位法建立我国优秀女子标枪运动员技术的运动学评价标准，并运用于我国女子标枪运动员实际比赛中，总体来讲运动成绩越高，运动员技术的运动学表现越好。

（4）标枪运动员技术诊断方法为态势诊断和特征画面诊断。在态势诊断基础上得出，张莉主要在助跑阶段和转换阶段距"优势值"有一定差距，具体指标为冲量步步长、重心移动距离C—D、右脚着地时刻躯干倾角以及最后一步步长；吕会会主要在转换阶段和最后用力阶段距"优势值"有一定差距，具体指标为右脚着地时刻躯干倾角、"肩—髋"轴夹角E、"肩—髋"轴夹角F以及右肩关节速度F。

（5）特征画面诊断表明张莉和吕会会需要改善以下几个方面，张莉：躯干后倾角度、上肢"延缓"能力、持枪稳定性、下肢主动加速能力；吕会会：躯干后倾角度、冲量步右脚着地快速过渡能力、上肢延缓能力。

（6）对张莉和吕会会两名运动员技术诊断结果予以反馈，各自教练员分别对技术存在的主要问题实施针对性调整，且取得了一定的成效。

5.2　研究不足与展望

在女子标枪运动员技术运动学评价与诊断中,技术的量化评价是无尽的,它需要不断地改进与完善,需要科学的理论作为指导。由于无法获取国外优秀运动员的技术运动学指标,因此没有进行国内外优秀运动员技术的比较分析。

由于进行本研究的时间与工作量的限制,研究范围仅为运动员最后三步,在今后的类似研究中要增大研究范围与样本量,并借助动力学的方法进行进一步研究。

技术作为影响标枪运动成绩的重要组成部分,同竞技能力其他组成要素息息相关,因此探究竞技能力其他要素与技术的相互关系,将有助于运动员创造更加优异的成绩。

参考文献

[1] BORGSTRÖM A. The development of the javelin[J]. New Studies in Athletics, 2000, 15(3/4):25-28.

[2] 李竹青.中国田径运动竞技水平现状及对策研究[J].广州体育学院学报,2005,25(2):95-98.

[3] 王立冬.我国优秀女子标枪运动员张莉赛前训练安排研究[D].北京:北京体育大学,2015.

[4] 熊安竹.女子掷标枪关键技术的生物力学研究[D].烟台:鲁东大学,2009.

[5] 王保成,王川.田径运动理论创新探索[M].北京:北京体育大学出版社,2003.

[6] PETERSON J A. NTCA throws handbook[M]. America:Coaches Choice,2008:29-33.

[7] LAWLER P. Javelin developments in the technique[J]. Modern Athlete and Coach, 2016, 54(2):18-21.

[8] 李世明.运动技术诊断学课程体系的建立及教学模式探索[J].鲁东大学学报(自然科学版),2010,26(1):92-96.

[9] 约翰·杜威.评价理论[M].冯平,余泽娜等,译.上海:上海译文出版社,2007.

[10] 彭张林.综合评价过程中的相关问题及方法研究[D].合肥:合肥工业大学,2015.

[11] 苏为华.多指标综合评价理论与方法问题研究[D].厦门:厦门大学,2000.

[12] 邱东.多指标综合评价方法[J].统计研究,1990(6):43-51.

[13] 孙修东,李宗斌,陈富民.基于改进BP神经网络算法的多指标综合评价

方法的应用研究[J].河南机电高等专科学校学报,2003,11(1):61-63.

[14] 李颖川.竞技体育与科技创新[M].北京:北京体育大学出版社,2007.

[15] 李世明,部义峰.浅析运动生物力学的学科性质[J].安徽体育科技,2006,27(3):40-42.

[16] 刘幸奇.基于运动捕捉数据的人体运动合成[D].北京:北京交通大学,2010.

[17] 范毅方.竞技运动的分析诊断方法研究[D].成都:四川大学,2003.

[18] 赵焕彬.运动技术可视化实时生物力学诊断系统的研制[D].石家庄:河北师范大学,2007.

[19] 严波涛.一种程序化运动技术诊断和评定指标确定方法的探讨[J].体育科学,2001,21(6):82-87.

[20] 孙振球,王乐三.综合评价方法及其医学应用[M].北京:人民卫生出版社,2014.

[21] 郭媛,史俊芬,陈维毅.掷标枪运动最后用力阶段的计算机解析[J].医用生物力学,2004,19(4):234-239.

[22] 江华.统计学原理[M].北京:中国农业出版社,2007.

[23] 王清.我国优秀运动员竞技能力状态诊断和监测系统的研究与建立[M].北京:人民体育出版社,2004.

[24] LEHMANN F. Biomechanical analysis of the javelin throw at the 2009 IAAF World Championships in athletics[J]. New Studies in Athletics,2010,25(3/4):61-77.

[25] 严波涛.运动技术诊断与手段[C]//中国体育科学学会.第十一届全国运动生物力学学术交流大会论文汇编(摘要),2006:72-80.

[26] 王素颜.我国优秀男子跳高技术运动学诊断系统的初步建立[D].石家庄:河北师范大学,2009.

[27] GORSKI J. Javelin the Complete Book of Throws[M]. Champaign, IL: Human Kinetics,2003.

[28] SALMENKYLA M. Javelin throw in finland[J]. Track and Field Quarterly Review,1984,84(1):27-28.

[29] TERAUDS J. Biomechanics of the javelin throw[J]. Lunión Médicale Du Canada,1980,109(2):212-220.

[30] HOMMEL H. NSA photo sequence 3—javelin throw fatima whibread (GBR)[J]. New Studies in Athletics, 1988, 1: 94-100.

[31] HOMMEL H. NSA photo sequences 27 & 28 - javelin throw: Jan Zelezny & Seppo Räty[J]. New Studies in Athletics, 1993, 8(3): 61-72.

[32] MERO A, KOMI P V, KORJUS T, et al. Body segment contributions to javelin throwing during final thrust phases[J]. Journal of Applied Biomechanics,1994,10:166-177.

[33] BARTLETT R M,BEST R J. The biomechanics of javelin throwing: a review[J]. Journal of Sports Sciences, 1988, 6(1):1-38.

[34] ALEXANDER R MCN. Optimum timing of muscle activation for simple models in throwing [J]. Journal of Theoretical Biology,1991, 150(3):349-372.

[35] BARTONIETZ K, BEST R J, BORGSTROM A. The throwing events at the World Championships in Athletics 1995, Goteborg—Technique of the World's Best Athletes[J]. New Studies in Athletics,1996,15 (6):23-35.

[36] LUTZ K. The technique of best female javelin throwers in 1997[J]. New Studies in Athletics,1998,13(1):47-61.

[37] CAMPOS J,BRIZUELA G,RAMÖN V,et al. Analysis of kinematic parameters between Spanish and world class javelin throwers[C] // 20 International Symposium on Biomechanics in Sports,2002.

[38] BARTONIETZ K. Javelin throwing: an approach to performance development[M]. London: Blackwell Science Ltd, Biomechanics in Sport,2000.

[39] MURAKAMI M, JANABE S, ISHIKAWA M, et al. Biomechanical analysis of the javelin at the 2005 IMF World Championships in

athletics[J]. New Studies in Athletics,2006,21(2):67-80.

[40] KANGAS H. Corner stones of javelin throwing technique[Z]. Finland:Pihtipudas,2008.

[41] LEHMANN F. Biomechanical analysis of the javelin throw at the 2009 IAAF World Championships in athletics[J]. New Studies in Athletics,2010,25(3/4):61-77.

[42] JUNG J H,KIM D S,KANG H Y,et al. Kinetic analysis of the women's javelin throw at the IAAF World Championships, Daegu 2011[C]//30th Annual Conference of Biomechanics in Sports,2012:41-44.

[43] 刘生杰,刘虎平.我国优秀男子标枪运动员的三维运动学研究[J].成都体育学院学报,2006,32(2):66-70.

[44] 王利勇,冯连江,黄林.我国优秀男子标枪运动员交叉步技术三维运动学分析[C]//中国体育科学学会.第十届全国运动生物力学学术交流大会论文汇编,2002:252-255.

[45] 郑建岳,陈道裕,周奕君.李荣祥标枪投掷步最后一步的运动学分析[J].中国体育科技,2004,40(2):35-36+42.

[46] 成万祥,张庆文.我国优秀标枪运动员陈奇投掷步技术特点分析[J].上海体育学院学报,2006,30(6):45-50.

[47] 董海军,张桃臣,郁成刚,等.我国男子标枪优秀运动员最后用力中"延缓"动作的运动学研究[J].体育学刊,2007,14(8):106-110.

[48] 卢竞荣.我国优秀男子标枪运动员从交叉步到出手技术生物力学分析[J].体育科学,2000,20(5):36-39+45.

[49] 郝勇霞,董海军.我国男子优秀标枪运动员最后用力技术重要特征的运动学研究[C]//国家体育总局,中华人民共和国第十一届运动会科学大会组织委员会,中国体育科学学会.中华人民共和国第十一届运动会科学大会论文摘要汇编,2009.

[50] 李建臣,文晓叶.我国优秀男子标枪运动员最后用力阶段"两弓用力"特征的三维运动学研究[J].首都体育学院学报,2015,27(5):440-446.

[51] 熊安竹.女子掷标枪关键技术的生物力学研究[D].烟台:鲁东大学,2009.

[52] 李建臣,王永安.我国优秀男子标枪运动员交叉步结束后投掷臂动作的生物力学分析[J].北京体育大学学报,2008,31(5):636-638.

[53] 王倩.标枪飞行轨迹的计算机仿真及实际应用[J].体育科学,2001,21(1):73-78.

[54] 阎国强.对女子最后用力掷标枪技术中运动学参数因子结构的研究[J].体育与科学,1996(2):17-21.

[55] 康利则.掷标枪最后用力阶段左侧支撑技术的作用[J].西安体育学院学报,1997(4):48-50.

[56] 李建臣,张良.中国优秀男子标枪运动员"扒地式"交叉步右侧动作的三维运动学分析[J].武汉体育学院学报,2006,40(12):85-88.

[57] HAY J G. The biomechanics of sports techniques[M]. Englewood Cliffs, NJ: Prentice Hall,1993:481-495.

[58] HAY J G, YU B. Critical characteristics of technique in throwing the discus[J]. Journal of Sports Sciences,1995,13:125-140.

[59] HUBBARD M. Optimal javelin trajectories[J]. Journal of Biomechanics,1984,17(10):777-787.

[60] ARIEL G, PETTITO R C, PENNY M A, et al. Biomechanical analysis of the javelin throw[J]. Track and Field Quarterly Review,1980,81:34-35.

[61] VITASALO J, MONONEN H, NORVAPALO K. Release parameters at the foul line and the official result in javelin throwing[J]. Sports Biomechanics,2007,2(1):15-34.

[62] 张洁.掷标枪技术结构中的角度参数[J].北京体育大学学报,2007(S1):543-544.

[63] KOMI P V, MERO A. Biomechanical analysis of Olympic javelin throwers[J]. International Journal of Sport Biomechanics,1985,1(2):139-150.

[64] KUNZ H R, KAUFMAN D A. Essentials of the javelin throw: a biomechanical analysis[J]. Track and Field Quarterly Review, 1980, 80:18-20.

[65] ARIEL G. Computerized biomechanical analysis of human performance [R]//BLEUSTEIN J L. Mechanics and Sport. New York: American Society of Mechanical Engineers, 1973, 4:267-275.

[66] MORRISS C J, Bartlett R M. Biomechanical factors critical for performance in the men's javelin throw[J]. Sports Medicine, 1996, 21(6):438-446.

[67] BEST R J, BARTLETT R M. Computer flight simulation of the men's new rules javelin[C]// Paper presented at the XI International Congress of Biomechanics, Amsterdam, Netherlands, 1987.

[68] HUBBARD M. Javelin trajectory simulation and its use in coaching [C]//2 International Symposium on Biomechanics in Sport, 1984.

[69] MILLER D I, MUNRO C F. Javelin position and velocity patterns during final foot plant preceding release[J]. Journal of Human Movement Studies, 1998, 9(1):1-20.

[70] MENZEL H J. Biomechanics of javelin throwing[J]. New Studies in Athletics, 1986, 3:85-98.

[71] ZATSIORSKY V M. Science and practice of strength training[M]. Champaign, IL: Human Kinetics Publishers, 1995.

[72] BARTONIETZ K. Technique and training of the throwing events-problems and prospects[R]. Puerto Rico: 19th Nacactfca Congress, 2009.

[73] BHAT D N, KEARNEY J K. On animating whip-type motion[J]. Journal of Visualization and Computer Animation, 1996, 7(4): 229-249.

[74] LEIGH S, GROSS M T, LI L, et al. The relationship between discus throwing performance and combinations of selected technical

parameters[J]. Sports Biomechanics, 2008, 7(2): 155-185.

[75] BEST R J, BARTLETT R M. Javelin release variables and their importance to the performer and coach with special relevance to the 1986 new rules javelin [C]//Paper Presented at the Sports Biomechanics Study Group Meeting, Leeds, United Kingdom, 1986.

[76] JOSE B. Round table of javelin [J]. New Studies in Athletics, 1993, 8(3): 25-37.

[77] ZELEZNY V J. The javelin thrower[J]. The Thrower, 1997, 73(4): 12-18.

[78] HUBBARD M, ALAWAYS L W. Optimum release conditions for the new-rules javelin[J]. International Journal of Sport Biomechanics, 1987, 3(3): 207-221.

[79] MORRISS C, BRTLETT R, NAVARRO E. The function of blocking in elite javelin throws: A re-evaluation [J]. Journal of Human Movement Studies, 2001, 41(3): 175-190.

[80] FINLAND K. The 1st World Javelin Conference[J]. New Studies in Athletics, 2009, 24(4): 91-96.

[81] RED W E, ZOGAIB A J. Javelin dynamic including body interaction [J]. Journal of Applied Mechanics, 1997, 44: 496-497.

[82] CARRY G. Sport mechanics for coaches[M]. 2nd ed. Champaign: Human Kinetics, 2004.

[83] LEHMANN F. Biomechanics of javelin throwing[Z]. Finland: 3rd World Javelin Conference, 2014.

[84] 王立冬,曲淑华. 我国女子标枪运动员技术特征与训练特点研究[J]. 山东体育学院学报, 2016, 32(4): 91-96.

[85] 杨吉文. 机体及细胞内ATP动态变化过程模型及其模拟试验[D]. 苏州: 苏州大学, 2010.

[86] 杨发君. 积极性恢复对游泳运动员机能的影响[D]. 北京: 北京体育大学, 2012.

[87] KOMI P. Strength and power in sport[M]. New Jersey: Wiley, 2008.

[88] HIGGINS J R. Human movement: an integrated approach[M]. St louis: Mosby, 1977.

[89] FRANE Z, BOROVIC S, FORETIC N. The correlation of motor abilities and javelin throwing results depend on the throwing technique [J]. Facta Universitatis, 2011, 9(3): 219-227.

[90] VASSILIOS P, IRAKLIS K A. Kinematics of the delivery phase and release parameters of top female javelin throwers[J]. Kinesiological Slovenica, 2013, 19(1): 32-43.

[91] ALLEN D G. Eccentric muscle damage: mechanisms of early reduction in force[J]. Acta Physiologica Scandinavica, 2001, 171: 311-319.

[92] MAIER K D, WANK V, BARTONIETZ K, et al. Neural network-based models of javelin flight: Prediction of flight distances and optimal release parameters[J]. Sports Engineering, 2000, 3(1): 57-63.

[93] WHITING W C, GREGOR R J, HALUSHKA M. Body segment and release parameter contributions to new-rules javelin throwing[J]. International Journal of Sport Biomechanics, 1991, 7(2): 111-124.

[94] BARTLETT L R, STOREY M D, SIMONS B D. Measurement of upper extremity torque production and its relationship to throwing speed in the competitive athlete[J]. American Journal of Sports Medicine, 1989, 17(1): 89-91.

[95] MORRISS C, BARTLETT R. Biomechanical Factors Critical for Performance in the Men's Javelin Throw[J]. Sports Medicine, 1996, 21(6): 438-446.

[96] NAVARRO E, CAMPOS J, VERA P. A procedure for determining the acceleration phase in javelin throwing[C]//Proceeding of 12th international Symposium on Biomechanics in Sports, 1994.

[97] BARTONIETZ K. Training of technique and specific power in

throwing events[J]. Modern Athlete and Coach,1994,32(1):10-16.

[98] HIRASHIMA M,YAMANE K,NAKAMURA Y,et al. Kinetic chain of overarm throwing in terms of joint rotations revealed by induced acceleration analysis[J]. Journal of Biomechanics,2008,41(13):2874-2883.

[99] HARNES E. Tips for Improved Javelin Training[J]. Track Technique,1990,110:35.

[100] LEBLANC M K,DAPENA J. Generation and transfer of angular momentum in the javelin throw[C]//Presented at the 20th Annual Meeting of the American Society of Biomechanics,1996:17-19.

[101] BARTLETT R,MULLER E,LINDINGER S,et al. Three-dimensional evaluation of the release parameters for javelin throwers of different skill levels[J]. Journal of Applied Biomechanics,1996,12(1):58-71.

[102] BRETELER M D K,SIMURA K J,FLANDERS M. Timing of muscle activation in a hand movement sequence[J]. Cerebral Cortex,2007,17(4):803-815.

[103] 韩鹏.北京市某三级甲等综合医院医学人文关怀指标体系建立的理论与实证研究[D].长春:吉林大学,2016.

[104] 张文彤.SPSS统计分析高级教程[M].北京:高等教育出版社,2004.

[105] 王春枝,斯琴.德尔菲法中的数据统计处理方法及其应用研究[J].内蒙古财经学院学报(综合版),2011,9(4):92-96.

[106] 王一任.综合评价方法若干问题研究及其医学应用[D].长沙:中南大学,2012.

[107] 严今石.关于综合评价的多元统计分析方法的探讨[D].延吉:延边大学,2006.

[108] 庄万玉,凌丹,赵瑾,等.关于敏捷性评价指标权重的研究[J].电子科技大学学报,2006,35(6):985-988.

[109] 王丽平.男女铅球运动员最后用力阶段左侧动作的运动学分析[D].广

州:广州体育学院,2007.

[110] 扎齐奥尔斯基. 运动生物力学:运动成绩的提高与运动损伤的预防[M]. 陆爱云,译审. 北京:人民体育出版社,2004.

[111] 袁尽州,黄海. 体育测量与评价[M]. 北京:人民体育出版社,2011.

[112] 邢文华,李晋裕,马志德,等. 体育测量与评价(上、下册)[M]. 北京:北京体育学院出版社,1985.

[113] 田麦久,武福全. 运动训练科学化探索[M]. 北京:人民体育出版社,1988.

[114] 钟添发,田麦久,王路德,等. 运动员竞技能力模型与选材标准[M]. 北京:人民体育出版社,1994.

[115] 徐国祥. 统计预测和决策[M]. 上海:上海财经大学出版社,1998.

附　录

附录 A

专家访谈提纲

1. 谈一谈您对标枪项目的认识，以及技术对于标枪项目的作用。

Can you talk about the event of javelin and the role of throwing technique?

2. 谈一谈您对当前中国标枪项目发展的看法。

Opinion about javelin development in China.

3. 您对于技术依据的投掷原理是否有所了解？

The principle of throwing.

4. 您认为对于国际上标枪训练发展的成果应通过何种手段进行学习？

The approach to learn the javlin development of elite throwers and coaching.

5. 您认为哪些是影响标枪技术的关键环节？

Key elements influence javelin technique.

6. 对于倒数第二步技术的见解，身体姿势、躯干倾斜角度、左右腿摆动；

Impulse step, body position, trunk tilt, leg movement；

投掷臂发力时机；自由臂制动时机；

timing for arm to start throwing and left arm brake；

"满弓"与"鞭打"的理解。

understanding of bow.

7. 您认为运动员主要在哪些技术环节中存在问题及改进措施？

Common technique problems and solvements.

8. 对于运动员技术评价与诊断采取的主要措施有哪些？

Technique accessment and diagnosis means.

9. 您是否会借助运动学方面的手段对运动员技术进行评价与诊断？

Will you take kinematic means as an assistant?

附录 B

标枪技术运动学评价指标体系专家咨询(第一轮)

尊敬的专家：

您好！

非常感谢您在此次询问中所给予的帮助。本研究正在开展我国优秀女子标枪运动员技术的运动学评价体系的构建，近年来中国女子标枪成绩实现了很大的突破，多名运动员跻身国际水平。为了进一步提高我国女子标枪运动员的整体水平，提高运动员技术，本研究以标枪技术运动学指标作为评价与诊断运动员技术水平的重要手段。

标枪运动员技术的运动学是将运动员技术动作进行量化评估的一种有效措施，影响运动成绩的出手因素主要是出手速度、出手角度与出手高度。而运动训练中如何获得理想的出手参数，目前还没有一个较完善的运动学指标体系。本研究在前人研究以及训练实践基础之上拟出 120 项运动学指标，划分为助跑、转换、最后用力三个阶段。研究范围主要以最后三步为主，将最后三步分为 7 个特征时刻，各特征时刻如图 B1 所示。

图 B1　最后三步的 7 个特征时刻

特征画面 A 是倒数第三步右脚离地瞬间,是助跑阶段的结束、运动员助跑的最终体现。

特征画面 B 是倒数第二步左脚离地瞬间。倒数第二步左脚离地是交叉步动作的开始阶段,左脚着地后的主动加速能力决定着交叉步步幅的大小,决定着身体重心速度的保持能力,决定着运动员身体姿势的调整空间。

特征画面 C 是最后一步右脚着地瞬间。最后一步动作中右脚着地是最后一步的开始,在此瞬间,运动员经过交叉步后身体姿势如何、重心速度的变化等都是影响运动技术动作的关键。

特征画面 D 是最后一步右脚着地后 0.1 秒的瞬间,研究右脚着地后运动员能否承受住巨大的负荷压力保持身体姿势以及在此压力下能否快速完成单支撑过渡,是选择这一特征时刻的主要原因。

特征画面 E 是最后一步左脚着地瞬间,是最后用力的开始。在最后一步运动员左脚着地这一时刻所处的身体姿势、身体速度、制动能力以及身体各环节的发力状态是评价运动技术的重要指标。

特征画面 F 是最后一步左脚着地后 0.06 秒的瞬间,是对运动员制动能力的进一步检验,是对躯干发力效果、对环节用力的检验。

特征画面 G 为出手瞬间,是最后用力的结束,运动技术的最终表现都集中于这一时刻,该时刻也是决定运动成绩的最直接因素。

基于上述特征画面以及文献研究,本书将女子标枪运动员技术划分为三个阶段,即助跑阶段、转换阶段、最后用力阶段。其中,助跑阶段包括特征画面 A—B、转换阶段涉及特征画面 C—D、最后用力阶段包含特征画面 E—G。

本调查主要包括三方面的内容,您有着丰富的工作经验、较强的专业知识水平,您在标枪技术这方面的意见与建议对于指标体系的构建有着重要的意义。以下为本次调查的内容,希望您依据表格进行填写,并发表您的意见,针对此次调查,我们会认真考虑,并对其严格保密。再次感谢您的回复。

2017 年 6 月

(一)专家基本情况调查表

请根据您的基本情况填写表格(表B1),本内容保密。

表B1　专家基本情况

性别		年龄	职称	学历		
男	女			本科	硕士	博士

(二)运动学指标调查意见表(表B2、表B3)

填表说明:

若您对以下指标表示认可则在"同意"一栏中打"√",反之则打"×",并提出您的观点。在重要性一栏中,共分为5个量度:非常重要、比较重要、一般重要、不太重要和无用,5个量度分别对应5分、4分、3分、2分、1分。

表B2　技术阶段划分专家意见表

序号	运动阶段划分	同意	不同意	建议指标或修改意见
1	助跑阶段			
2	转换阶段			
3	最后用力阶段			

表B3　具体指标专家意见表

阶段	指标	同意	修改意见	重要性
助跑阶段	右踝关节速度A			
	右髋关节速度A			
	右膝关节速度A			
	右肘关节速度A			
	重心速度A			
	左髋关节速度A			
	左膝关节速度A			
	左踝关节速度A			
	倒数第三步步长			
	倒数第二步步长			

续表

阶段	指标	同意	修改意见	重要性
助跑阶段	倒数第三步时长			
	倒数第二步时长			
	重心移动距离 A—B			
	重心移动距离 B—C			
	握点速度变化 B			
	右肩关节速度 B			
	右踝关节速度 B			
	右髋关节速度 B			
	右膝关节速度 B			
	右腕关节速度 B			
	右肘关节速度变化 B			
	重心速度 B			
	左肩关节速度 B			
	左肘关节速度 B			
	左髋关节速度 B			
	左膝关节速度 B			
	左踝关节速度 B			
	"肩—髋"轴夹角 B			
	右肘角度变化 B			
	左肘角度变化 B			
	右膝关节角 B			
	左膝关节角 B			
转换阶段	加速距离 1			
	躯干倾角 C			
	握点速度变化 C			
	右肩关节速度 C			
	右踝关节速度 C			
	右髋关节速度 C			
	右腕关节速度 C			
	右膝关节速度 C			

续表

阶段	指标	同意	修改意见	重要性
转换阶段	右肘关节速度变化C			
	重心速度C			
	左肩关节速度C			
	左肘关节速度C			
	左腕关节速度C			
	左髋关节速度C			
	左膝关节速度C			
	左踝关节速度C			
	"肩—髋"轴夹角C			
	右肘关节角度变化C			
	左肘关节角度变化C			
	右膝关节角C			
	左膝关节角C			
	握点速度变化D			
	右肩关节速度D			
	右踝关节速度D			
	右髋关节速度D			
	右腕关节速度D			
	右膝关节速度D			
	右肘关节速度变化D			
	重心速度D			
	左踝关节速度D			
	"肩—髋"轴夹角D			
	右肘关节角度变化D			
	左肘关节角度变化D			
	右膝关节角D			
	左膝关节角D			
	重心移动距离C—D			
	重心移动距离D—E			
	最后一步步长			
	最后一步时长			

续表

阶段	指标	同意	修改意见	重要性
最后用力阶段	左脚着地至出手时长			
	加速距离 2			
	左腿着地角度时刻 E			
	重心移动距离 E—F			
	重心移动距离 F—G			
	握点速度变化 E			
	右肩关节速度 E			
	右踝关节速度 E			
	右髋关节速度 E			
	右腕关节速度 E			
	右膝关节速度 E			
	右肘关节速度变化 E			
	重心速度 E			
	左肩关节速度 E			
	左肘关节速度 E			
	"肩—髋"轴夹角 E			
	右肘关节角度变化 E			
	左肘关节角度变化 E			
	右膝关节角 E			
	左膝关节角 E			
最后用力阶段	握点速度变化 F			
	右肩关节速度 F			
	右踝关节速度 F			
	右髋关节速度 F			
	右腕关节速度 F			
	右膝关节速度 F			
	右肘关节速度变化 F			
	重心速度 F			
	左肩关节速度 F			
	左肘关节速度 F			

续表

阶段	指标	同意	修改意见	重要性
最后用力阶段	"肩—髋"轴夹角 F			
	右肘关节角度变化 F			
	左肘关节角度变化 F			
	右膝关节角 F			
	左膝关节角 F			
	躯干前倾角 G			
	握点速度变化 G			
	右肩关节速度 G			
	右踝关节速度 G			
	右髋关节速度 G			
	右腕关节速度 G			
	右膝关节速度 G			
	右肘速度变化 G			
	重心速度 G			
	"肩—髋"轴夹角 G			
	右肘关节角度变化 G			
	左肘关节角度变化 G			
	右膝关节角 G			
	左膝关节角 G			

（三）判断依据与熟悉程度（表 B4、表 B5）

表 B4　专家对各指标内容的熟悉程度

很熟悉	熟悉	一般	不太熟悉	不熟悉

表 B5　指标判断依据

依据	依据程度		
	大	中	小
工作经验			
理论分析			
国内外同行的了解			
直观感觉			

附录 C

标枪技术运动学评价指标体系专家咨询（第二轮）

尊敬的专家：

　　您好！

　　非常感谢您在此次询问中所给予的帮助。本研究正在开展我国优秀女子标枪运动员技术的运动学评价体系的构建，近年来中国女子标枪成绩实现了很大的突破，多名运动员跻身国际水平。为了进一步提高我国女子标枪运动员的整体水平，提高运动员技术，本研究以标枪技术运动学指标作为评价与诊断运动员技术水平的重要手段。

　　标枪运动员技术的运动学是将运动员技术动作进行量化评估的一种有效措施，影响运动成绩的出手因素主要是出手速度、出手角度与出手高度。而运动训练中如何获得理想的出手参数，目前还没有一个较完善的运动学指标体系，本研究在前人研究以及训练实践基础之上拟出 120 项运动学指标，划分为助跑、转换、最后用力三个阶段。研究范围主要以最后三步为主，将最后三步分为 7 个特征时刻，各特征时刻如图 C1 所示。

图 C1　最后三步的 7 个特征时刻

特征画面 A 是倒数第三步右脚离地瞬间，是助跑阶段的结束、运动员助跑的最终体现。

特征画面 B 是倒数第二步左脚离地瞬间。倒数第二步左脚离地是交叉步动作的开始阶段，左脚着地后的主动加速能力决定着交叉步步幅的大小，决定着身体重心速度的保持能力，决定着运动员身体姿势的调整空间。

特征画面 C 是最后一步右脚着地瞬间。最后一步动作中右脚着地是最后一步的开始，在此瞬间，运动员经过交叉步后身体姿势如何、重心速度的变化等都是影响运动技术动作的关键。

特征画面 D 是最后一步右脚着地后 0.1 秒的瞬间，研究右脚着地后运动员能否承受住巨大的负荷压力保持身体姿势以及在此压力下能否快速完成单支撑过渡，是选择这一特征时刻的主要原因。

特征画面 E 是最后一步左脚着地瞬间，是最后用力的开始。在最后一步运动员左脚着地这一时刻所处的身体姿势、身体速度、制动能力以及身体各环节的发力状态是评价运动技术的重要指标。

特征画面 F 是最后一步左脚着地后 0.06 秒的瞬间，是对运动员制动能力的进一步检验，是对躯干发力效果、对环节用力的检验。

特征画面 G 为出手瞬间，是最后用力的结束，运动技术的最终表现都集中于这一时刻，该时刻也是决定运动成绩的最直接因素。

基于上述特征画面以及文献研究，本书将女子标枪运动员技术划分为三个阶段，即助跑阶段、转换阶段、最后用力阶段。其中，助跑阶段包括特征画面 A—B、转换阶段涉及特征画面 C—D、最后用力阶段包含特征画面 E—G。

本调查主要包括三方面的内容，您有着丰富的工作经验、较强的专业知识水平，您在标枪技术这方面的意见与建议对于指标体系的构建有着重要的意义。以下为本次调查的内容，希望您依据表格进行填写，并发表您的意见，针对此次调查，我们会认真考虑，并对其严格保密。再次感谢您的回复。

2017 年 7 月

（一）专家基本情况调查表

请根据您的基本情况填写表格（表 C1），本内容保密。

表 C1　专家基本情况

性别		年龄	职称	学历		
男	女			本科	硕士	博士

本研究在制定优秀女子标枪运动员技术的运动学评价体系过程中，需要对各技术阶段的权重系数进行赋值，希望依靠您的经验和理解对各技术阶段进行赋值和鉴定，3 个技术阶段比重之和为 100%（表 C2）。衷心感谢您的大力支持和帮助！

表 C2　运动技术阶段权重表

序号	运动阶段划分	技术阶段比重	参考比重
1	助跑阶段		15%
2	转换阶段		15%
3	最后用力阶段		70%

（二）运动学指标调查意见表

填表说明：

若您对以下指标表示认可则在"同意"一栏中打"√"，反之则打"×"，并提出您的观点。在重要性一栏中，共分为 5 个量度：非常重要、比较重要、一般重要、不太重要和无用，5 个量度分别对应 5 分、4 分、3 分、2 分、1 分（表 C3）。

表 C3　具体指标专家意见表

阶段	指标	同意	修改意见	重要性
助跑阶段	右踝关节速度 A			
	右髋关节速度 A			
	右膝关节速度 A			
	重心速度 A			

续表

阶段	指标	同意	修改意见	重要性
助跑阶段	左髋关节速度 A			
	左膝关节速度 A			
	左踝关节速度 A			
	倒数第三步步长			
	倒数第二步步长			
	倒数第三步时长			
	倒数第二步时长			
	重心移动距离 A—B			
	重心移动距离 B—C			
	右肩关节速度 B			
	右踝关节速度 B			
	右髋关节速度 B			
	右膝关节速度 B			
	右肘关节速度变化 B			
	重心速度 B			
	左肩关节速度 B			
	左肘关节速度 B			
	左髋关节速度 B			
	左膝关节速度 B			
	左踝关节速度 B			
	"肩—髋"轴夹角 B			
	右肘关节角度变化 B			

续表

阶段	指标	同意	修改意见	重要性
转换阶段	加速距离 1			
	躯干倾角 C			
	右肩关节速度 C			
	右踝关节速度 C			
	右髋关节速度 C			
	右膝关节速度 C			
	右肘关节速度变化 C			
	重心速度 C			
	左膝关节速度 C			
	左踝关节速度 C			
	"肩—髋"轴夹角 C			
	右肘关节角 C			
	右膝关节角 C			
	左膝关节角 C			
	右肩关节速度 D			
	右踝关节速度 D			
	右髋关节速度 D			
	右膝关节速度 D			
	右肘关节速度变化 D			
	重心速度 D			
	左踝关节速度 D			
	"肩—髋"轴夹角 D			
	右肘关节角度变化 D			
	右膝关节角 D			
	左膝关节角 D			
	重心移动距离 C—D			
	重心移动距离 D—E			
	倒数第一步步长			
	最后一步时长			

续表

阶段	指标	同意	修改意见	重要性
最后用力阶段	左脚着地至出手时长			
	加速距离2			
	左腿着地角度时刻E			
	重心移动距离E—F			
	重心移动距离F—G			
	右肩关节速度E			
	右髋关节速度E			
	右肘关节速度变化E			
	重心速度E			
	左肩关节速度E			
	左肘关节速度E			
	"肩—髋"轴夹角E			
	右膝关节角E			
	左膝关节角E			
	右肩关节速度F			
	右髋关节速度F			
	右肘关节速度变化F			
	重心速度F			
	左肩关节速度F			
	左肘关节速度F			
	"肩—髋"轴夹角F			
	左膝关节角F			
	躯干前倾角G			
	右肩关节速度G			
	右肘关节速度变化G			
	重心速度G			
	"肩—髋"轴夹角G			
	右肘关节角度变化G			
	右膝关节关节角G			
	左膝关节角G			

(三)判断依据与熟悉程度(表 C4、表 C5)

表 C4　专家对各指标内容的熟悉程度

很熟悉	熟悉	一般	不太熟悉	不熟悉

表 C5　指标判断依据

依据	依据程度		
	大	中	小
工作经验			
理论分析			
国内外同行的了解			
直观感觉			

两轮德尔菲专家调查结果见表 C6。

表 C6　两轮德尔菲专家调查结果

阶段	指标	第一轮				第二轮			
		平均值	标准差	变异系数	满分频率	平均值	标准差	变异系数	满分频率
助跑阶段	倒数第三步步长	4.250	0.754	0.177	0.417	4.417	0.515	0.117	0.417
	倒数第三步时长	4.333	0.651	0.150	0.417	4.333	0.651	0.150	0.417
	重心移动距离 A—B	3.833	0.718	0.187	0.167	4.250	0.622	0.146	0.333
	右髋关节速度 A	4.500	0.522	0.116	0.500	4.500	0.522	0.116	0.500
	右膝关节速度 A	4.417	0.669	0.151	0.500	4.500	0.522	0.116	0.500
	右踝关节速度 A	4.083	0.669	0.164	0.250	4.417	0.515	0.117	0.417
	重心速度 A	4.333	0.651	0.150	0.417	4.417	0.515	0.117	0.417
	左髋关节速度 A	4.417	0.669	0.151	0.500	4.583	0.515	0.112	0.583
	左膝关节速度 A	4.417	0.669	0.151	0.500	4.333	0.651	0.150	0.417
	左踝关节速度 A	4.083	0.669	0.164	0.250	4.250	0.622	0.146	0.333
	右肩关节速度 B	4.500	0.522	0.116	0.500	4.583	0.515	0.112	0.583
	右踝关节速度 B	4.167	0.577	0.139	0.250	4.333	0.492	0.114	0.333
	右髋关节速度 B	4.250	0.754	0.177	0.417	4.333	0.651	0.150	0.417
	右膝关节速度 B	4.000	0.953	0.238	0.333	4.167	0.718	0.172	0.333
	右肘速度变化 B	4.083	0.793	0.194	0.333	4.083	0.515	0.126	0.167

续表

阶段	指标	第一轮 平均值	标准差	变异系数	满分频率	第二轮 平均值	标准差	变异系数	满分频率
助跑阶段	重心速度 B	4.083	0.669	0.164	0.250	4.417	0.515	0.117	0.417
	左髋关节速度 B	4.083	0.793	0.194	0.333	4.167	0.718	0.172	0.333
	左膝关节速度 B	4.083	0.793	0.194	0.333	4.167	0.718	0.172	0.333
	左踝关节速度 B	4.250	0.622	0.146	0.333	4.500	0.522	0.116	0.500
	右肘关节角度变化 B	4.250	0.754	0.177	0.417	4.167	0.718	0.172	0.333
	重心移动距离 B—C	4.500	0.522	0.116	0.500	4.500	0.522	0.116	0.500
	倒数第二步步长	4.333	0.778	0.180	0.500	4.417	0.669	0.151	0.500
	倒数第二步时长	4.083	0.793	0.194	0.333	4.333	0.651	0.150	0.417
转换阶段	躯干倾角 C	4.583	0.515	0.112	0.583	4.583	0.515	0.112	0.583
	右肩关节速度 C	4.333	0.651	0.150	0.417	4.333	0.492	0.114	0.333
	右踝关节速度 C	4.250	0.754	0.177	0.417	4.333	0.651	0.150	0.417
	右髋关节速度 C	4.083	0.669	0.164	0.250	4.250	0.622	0.146	0.333
	右膝关节速度 C	4.167	0.718	0.172	0.333	4.500	0.522	0.116	0.500
	右肘关节速度 C	4.000	0.739	0.185	0.250	4.333	0.492	0.114	0.333
	重心速度 C	4.417	0.515	0.117	0.417	4.583	0.515	0.112	0.583
	左膝关节速度 C	4.167	0.718	0.172	0.333	4.083	0.669	0.164	0.250
	左踝关节速度 C	4.083	0.669	0.164	0.250	4.000	0.603	0.151	0.167
	右肘关节角度 C	4.083	0.669	0.164	0.250	4.333	0.492	0.114	0.333
	右膝关节角 C	4.250	0.754	0.177	0.417	4.417	0.669	0.151	0.500
	加速距离 1	4.500	0.522	0.116	0.500	4.500	0.522	0.116	0.500
	右肩关节速度 D	3.833	0.718	0.187	0.167	4.000	0.603	0.151	0.167
	右踝关节速度 D	4.667	0.492	0.106	0.667	4.667	0.492	0.106	0.667
	右髋关节速度 D	4.500	0.522	0.116	0.500	4.583	0.515	0.112	0.583
	右膝关节速度 D	4.083	0.669	0.164	0.250	4.250	0.452	0.106	0.250
	右肘关节速度 D	4.000	0.603	0.151	0.167	4.250	0.452	0.106	0.250
	重心速度 D	4.083	0.793	0.194	0.333	4.333	0.651	0.150	0.417
	左踝关节速度 D	4.000	0.603	0.151	0.167	4.083	0.515	0.126	0.167
	右肘关节角度变化 D	4.333	0.651	0.150	0.417	4.417	0.515	0.117	0.417
	右膝关节角 D	4.000	0.853	0.213	0.333	4.417	0.515	0.117	0.417

续表

阶段	指标	第一轮 平均值	第一轮 标准差	第一轮 变异系数	第一轮 满分频率	第二轮 平均值	第二轮 标准差	第二轮 变异系数	第二轮 满分频率
转换阶段	左膝关节角 D	4.250	0.754	0.177	0.417	4.333	0.651	0.150	0.417
转换阶段	第三步步长	4.000	0.953	0.238	0.333	4.250	0.622	0.146	0.333
转换阶段	最后一步时长	4.083	0.793	0.194	0.333	4.333	0.651	0.150	0.417
转换阶段	重心移动距离 C—D	4.417	0.669	0.151	0.500	4.417	0.669	0.151	0.500
最后用力阶段	重心移动距离 E—F	4.333	0.778	0.180	0.500	4.583	0.515	0.112	0.583
最后用力阶段	重心移动距离 F—G	4.333	0.651	0.150	0.417	4.417	0.515	0.117	0.417
最后用力阶段	左腿着地角度 E	4.250	0.622	0.146	0.333	4.417	0.515	0.117	0.417
最后用力阶段	左脚着地至出手时长	4.333	0.492	0.114	0.333	3.917	0.669	0.171	0.167
最后用力阶段	右肩关节速度 E	4.250	0.754	0.177	0.417	4.333	0.651	0.150	0.417
最后用力阶段	右髋关节速度 E	4.083	0.793	0.194	0.333	4.667	0.492	0.106	0.667
最后用力阶段	右肘关节速度变化 E	3.917	0.793	0.202	0.250	4.167	0.577	0.139	0.250
最后用力阶段	重心速度 E	3.917	0.793	0.202	0.250	4.417	0.515	0.117	0.417
最后用力阶段	左肩关节速度 E	3.917	0.793	0.202	0.250	4.333	0.492	0.114	0.333
最后用力阶段	左肘关节速度 E	4.083	0.669	0.164	0.250	4.333	0.492	0.114	0.333
最后用力阶段	"肩—髋"轴夹角 E	3.917	0.669	0.171	0.167	4.333	0.492	0.114	0.333
最后用力阶段	左膝关节角 E	4.667	0.492	0.106	0.667	5.000	0.000	0.000	1.000
最后用力阶段	右肩关节速度 F	4.667	0.492	0.106	0.667	4.750	0.452	0.095	0.750
最后用力阶段	右髋关节速度 F	4.083	0.515	0.126	0.167	4.250	0.452	0.106	0.250
最后用力阶段	右肘关节速度 F	4.417	0.669	0.151	0.500	4.333	0.492	0.114	0.333
最后用力阶段	重心速度 F	4.417	0.669	0.151	0.500	4.667	0.492	0.106	0.667
最后用力阶段	左肩关节速度 F	4.167	0.718	0.172	0.333	4.500	0.522	0.116	0.500
最后用力阶段	左肘关节速度 F	4.083	0.900	0.220	0.333	4.417	0.515	0.117	0.417
最后用力阶段	"肩—髋"轴夹角 F	4.583	0.515	0.112	0.583	4.583	0.515	0.112	0.583
最后用力阶段	左膝关节角 F	4.667	0.492	0.106	0.667	4.833	0.389	0.081	0.833
最后用力阶段	右肩关节速度 G	4.583	0.515	0.112	0.583	4.833	0.389	0.081	0.833
最后用力阶段	右肘关节速度变化 G	3.909	0.701	0.179	0.167	4.167	0.577	0.139	0.250
最后用力阶段	重心速度 G	4.167	0.718	0.172	0.333	4.500	0.522	0.116	0.500
最后用力阶段	"肩—髋"轴夹角 G	4.333	0.651	0.150	0.417	4.417	0.515	0.117	0.417
最后用力阶段	右肘关节角度变化 G	3.917	0.793	0.202	0.250	4.333	0.492	0.114	0.333
最后用力阶段	左膝关节角 G	4.167	0.718	0.172	0.333	4.250	0.622	0.146	0.333

附录 D

运动学定义

从图 D1 中可以看出,官方距离与损失距离之间的关系,以及真实距离与官方距离的区别。

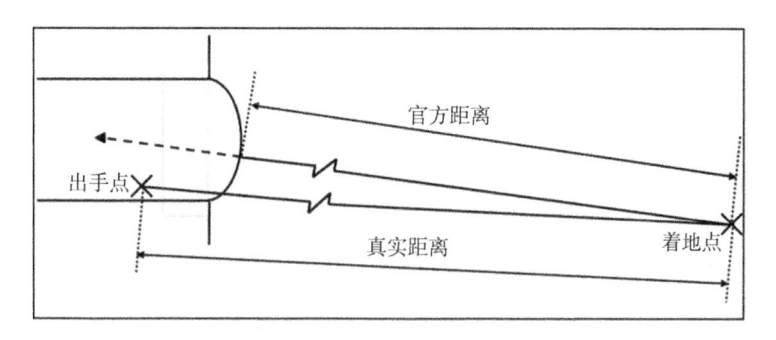

图 D1　标枪成绩测量

最后三步图示(图 D2)。

图 D2　最后三步步长

右膝关节角度为髋关节点和膝关节点的连线与膝关节点和右踝关节点连线所形成的夹角,左膝关节角度为左髋关节点和左膝关节点的连线与左膝关节点与左踝关节点连线所形成的夹角。左腿角度为左髋关节和左踝关节之间连线与水平线(x 轴)所成的夹角(图 D3)。

图 D3　左、右膝关节角度

躯干倾角是"肩轴"中点和"髋轴"中点之间连线与垂直轴（z 轴）形成的夹角（图 D4）。

图 D4　躯干倾角

左肘关节角度是指左肩关节点和左肘关节点之间的连线与左腕关节点与左肘关节点之间的连线所成的夹角。同理，右肘关节角度是指右肩关节点和右肘关节之间的连线与右肘关节和右腕关节之间连线所成的夹角（图 D5、图 D6）。

图 D5　上肢关节角度(左臂)　　　　图 D6　上肢关节角度(右臂)

"肩—髋"轴夹角是指"肩轴"与"髋轴"所成的夹角。当右髋关节引领右肩关节动作时,"肩—髋"轴之间的夹角具有积极意义(图 D7)。

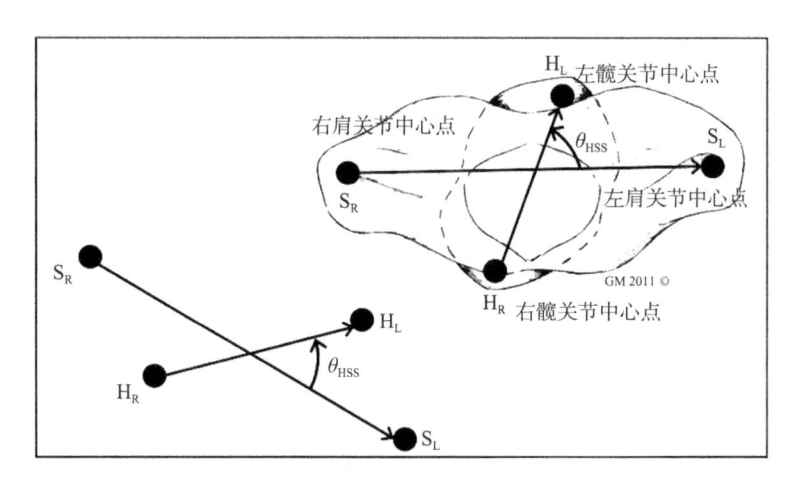

图 D7　"肩—髋"轴夹角

附录 E

图 E1　张莉完整技术动作序列图

附录 F

图 F1 吕会会完整技术动作序列图